Ilona Soßdorf

Die Nachtwanderung –
das Abenteuer unseres Lebens

Autobiografische Geschichte einer
Flucht von Ost- nach Westdeutschland

Impressum:

© 2019 Ilona Soßdorf

Die Fotos und Dokumente im Anhang sind Eigentum der Autorin.
Das Bild der Haftvollzugsanstalt Hoheneck wird verwendet mit
Creative Commons Lizenz: (CC BY-SA 2.0 DE) Urheber: oxensepp

Umschlagbild:
Xavier Legall (Frankreich) www.pixabay.com

Lektorat, Satz, Umschlaggestaltung:
Angelika Fleckenstein, Spotsrock

Verlag und Druck:
tredition GmbH
Halenreie 40–44
22359 Hamburg

ISBN
978-3-7497-1865-8 (Paperback)
978-3-7497-1866-5 (Hardcover)
978-3-7497-1867-2   (e-Book)

Die Nachtwanderung –
das Abenteuer unseres Lebens

Dieses Buch entsteht aus der Erinnerung.

Es wird geschrieben, um das Vergessen zu verhindern.

Gewidmet ist es dem „Vater des Gedankens", meinem Mann,
sowie meinen beiden Söhnen, die sich unglaublich tapfer als
Protagonisten in dieser wahren Geschichte einbringen.

Den Titel *Die Nachtwanderung – das Abenteuer unseres Lebens*
habe ich gewählt, weil er sowohl die Hauptaktivität dieser
Geschichte darstellt als auch den düsteren, schweren Weg,
den wir gemeinsam gingen, beschreibt.

Inhaltsverzeichnis

Unser Leben in der DDR   9

1977 – Die Idee wird geboren   11

Juli 1981 – Der Plan   18

Juli 1981 – Die Flucht   19

Verhaftung in Rumänien   28

Haft in Bukarest   34

Drei Monate Untersuchungshaft   43

Im Namen des Volkes   65

Transport in den Strafvollzug   76

Zuchthaus Hoheneck   81

Letzte Station Karl-Marx-Stadt   112

Das Notaufnahmelager Gießen   123

Unser neues Zuhause   124

Die Kinder kommen   134

Nachwort   138

Unser Leben in der DDR

Mein Mann und ich wurden im Jahr 1952 geboren. Zwei kleine Dörfer in der Nähe von Eisenach, im schönen Thüringen, waren unsere Heimat. Als im August 1961 die Mauer gebaut wurde, waren wir neun Jahre alt und ahnten beide nicht, welche Folgen dieser Bau für unseren Lebensweg einmal haben würde.

Im zarten Alter von 18 Jahren lernten wir uns beim Rosenball im Nachbarort kennen. Und bereits zwei Jahre später, im Jahr 1972, heirateten wir. Nach der Hochzeit zog ich zu meinem Mann in dessen Elternhaus. Ein Bauernhof, welcher früher einmal Teil eines Schlosses war, wurde mein neues, unser gemeinsames Zuhause.

Das Haus war für DDR-Verhältnisse groß, stattlich und schön. Im Erdgeschoss lebten meine Schwiegereltern mit der jüngsten Schwester meines Mannes, und in der oberen Etage richteten wir beide uns gut und gemütlich ein. Gut und gemütlich einrichten konnte sich nur, wer Beziehungen hatte. Ein alter Witz aus dieser Zeit lautete: Die Höchststrafe in der DDR sind fünf Jahre ohne Beziehungen …

Wir arbeiteten beide. Mein Mann war gelernter Maurer und als Brigadier in einem Baubetrieb tätig. Ich arbeitete in der Buchhaltung der ortsansässigen LPG (Landwirtschaftlichen Produktionsgenossenschaft).

Wir hatten einen netten Freundeskreis und zahlreiche Verwandte, welche in unserem kleinen Ort wohnten und/oder über die gesamte DDR verstreut ansässig waren. Die Oma meines Mannes lebte in Hofgeismar, ein Onkel mit Familie in Kassel und ein weiterer in Bad Reichenhall. Wir hatten also auch Beziehungen in den „goldenen Westen."

Unser Haus stand auf einem ca. 4.000 Quadratmeter großen Grundstück in der Mitte des Dorfes. Mehrere Scheunen, Stallungen, kleine und große Schuppen, ein Trakt mit Garagen und ein Waschhaus gehörten dazu. Neben unseren Jobs beschäftigten wir uns nach Feierabend mit kleinbäuerlichen Aktivitäten. Meine Schwiegereltern betreuten 32 Kühe, welche jedoch der LPG gehörten, auf diesem Hof. Nebenbei nannten sie eine Kuh mit dem Namen Ella ihr Eigentum.

Diese „Privatkuh" durfte sogar mit meinem Schwiegervater in einem Spielfilm eine Rolle spielen, weil sie weit und breit die einzige war, die sich noch vor einen Wagen spannen ließ und weil der Regisseur die Wartburg im Hintergrund haben wollte. Inhalt dieses Spielfilms mit dem Titel „Suse, liebe Suse" ist der Werdegang eines Findelkindes, das ganz im Sinne von Partei und Regierung heranwächst und handelt. Mein Schwiegervater findet in diesem Film das Kind im Stall; danach benötigte man ihn nicht mehr als Schauspieler.

Gemeinsam mit den Schwiegereltern züchteten wir Hühner, Gänse, Enten und Schafe, um die mangelnde Versorgung besser zu überbrücken. Je nach Jahreszeit wurde Heu gewendet und eingefahren, Rüben gehackt, der Garten bestellt sowie Obst und Gemüse geerntet und konserviert.

Mein Mann ging zusätzlich nach Feierabend oder an den Wochenenden bei Bekannten, Freunden und Verwandten „schwarz" arbeiten. Man half sich gegenseitig. Das war des Maurers Los und Glück. Er hätte übrigens zu damaliger Zeit nie einen anderen Beruf erlernen können. Schließlich galt es, den großen Hof mit all seinen Gebäuden, Scheunen und Stallungen zu erhalten.

Er war Visionär und hatte den Wunsch, sich selbstständig zu machen. Ein kleiner Baubetrieb war sein Traum. Auf Nachfrage beim Bürgermeister unserer Gemeinde lachte der ihn jedoch nur aus und erklärte: „Du, mit deiner politischen Einstellung – das kannst du vergessen."

1977 – Die Idee wird geboren

Zwei Söhne komplettierten unsere Familie und machten uns beide glücklich.

Unser Sohn Axel war inzwischen vier Jahre, Andrè würde im September ein Jahr alt werden. Ich ging nach der Geburt jedes Kindes schon wenig später wieder arbeiten. Die Kinder brachte ich morgens in den Kindergarten und in die Kinderkrippe. Zum Glück wurden wir jeden Morgen um 7 Uhr von meinem Chef mit dem PKW abgeholt, waren also nicht auf öffentliche Verkehrsmittel angewiesen.

Damals empfand ich es ganz normal, mit zwei Kindern einen Vollzeitjob auszuüben und danach noch Haus, Hof, Garten, Kinder, Küche, Wäsche usw. zu bewältigen. Alle Frauen in meinem Umfeld lebten so.

Da stets und ständig etwas zu tun und zu erledigen war, wurden die Kinder am Nachmittag von der gesamten Familie betreut und beaufsichtigt. Für Axel war der große Hof, der Garten, ja das ganze Dorf ein Abenteuerspielplatz. Alle Kinder seines Alters trafen sich und spielten stundenlang gemeinsam Cowboy und Indianer oder Ähnliches.

Andrè lag in seinem Kinderwagen, der bei schönem Wetter auf dem Hof stand. Eine Gardine schützte ihn vor Insekten, und so schlief er sehr viel an der frischen Luft. Jedes Familienmitglied schaute kurz nach ihm. Als er später sitzen und laufen konnte, wurde er im Kinderwagen oder im Laufstall „fixiert" und schaute so bei allen Tätigkeiten seiner Eltern und Großeltern zu. Sei es in der Wohnung, auf dem Hof, im Garten oder am Rande des Feldes, auf welchem gerade gearbeitet wurde. Es gab immer etwas zu sehen und zu beobachten für ihn.

Ein eigenes Auto besaßen wir nicht. Die Wartezeit für unseren angemeldeten „Wartburg" war abgelaufen, als wir längst in der BRD angekommen waren. Wir durften aber jederzeit den Wagen meiner Schwiegereltern benutzen. Kurze Reisen zu Freunden nach Gotha, Jena oder Leipzig sowie Urlaube am Plattensee in Ungarn, in den Bergen Polens und in der Tschechoslowakei unternahmen wir regelmäßig damit.

Mit besten Freunden kamen wir oft auf das Thema Auswandern in den Westen zu sprechen. Alle, ich glaube wirklich *alle,* redeten früher oder später einmal darüber.

Es war offensichtlich, dass es der Deutschen Demokratischen Republik nicht gutging. Es gab immer weniger zu kaufen in den Geschäften. Wir durften nur begrenzt reisen. Jede Urlaubsreise, auch in die „sozialistischen Bruderländer", musste beantragt werden. Alle Antragsteller wurden beleuchtet und beurteilt, und erst danach wurde eine Genehmigung erteilt. Was jedoch das Allerwichtigste war: Wir durften unsere Meinung nicht offen äußern. Drei Hauptgründe für die wachsende Unzufriedenheit eines jeden, der über Ausreise nachdachte.

Später sagte man uns, dass es zu dieser Zeit noch blendend um alles stand, verglichen mit der Zeit, als die DDR auf den Fall der Mauer zusteuerte.

Die Kinder wurden sowohl in der Schule als auch im Kindergarten sozialistisch geprägt und erzogen, ob man es als Eltern mochte oder nicht. Stets wurde die Sowjetunion als der große Bruder und der Westen als der große Feind dargestellt.

Wir lebten, wie bereits erwähnt, in Thüringen.

Am Ende des Zweiten Weltkriegs, in der ersten Aprilhälfte 1945, wurde Thüringen nach unterschiedlich heftigen Kampfhand-

lungen zunächst amerikanisch besetzt. Anfang Juli 1945 besetzten dann, gemäß der alliierten Vereinbarungen von Jalta, sowjetische Truppen Thüringen. Infolgedessen wurde unsere Heimat also „von der Sowjetunion befreit."

Diese „heldenhafte Befreiung durch die russischen Soldaten" hatte man uns dann bereits während unserer Schulzeit ständig als beispielloses Glück dargestellt. Welchen Werdegang die sowjetisch besetzte Zone nahm, ist jedoch bekannt.

Ich möchte die weltpolitische Situation dieser Zeit nicht analysieren und beleuchten. Darüber wurden bereits unzählige Bücher geschrieben und Filme gedreht. Ich gehe davon aus, dass jedem Leser die Hintergründe der Teilung Deutschlands bekannt sind. Mein Wunsch ist es lediglich, darzulegen, welche Risiken man einging, um ein freieres Leben führen zu können.

Im Sommer 1977 kam mein Mann spätabends nach Hause und sagte zu mir „Was hältst du davon, wenn wir in den Westen gehen?" Ich war mehr als überrascht, aber in meinem Kopf rief eine Stimme sofort laut und deutlich: „Das ist die Lösung für ALLES."

Ich gebe zu, ich hätte nicht gewagt, diesen Vorschlag zu machen. Ich glaubte damals, mein Mann sei mit seinen Eltern und seinem Elternhaus so sehr verbunden und verwurzelt, dass er beides nie verlassen würde.

Detailgetreu kann ich die Abläufe unserer Fluchtplanung nicht mehr nachvollziehen. Ich kann jedoch sagen, wir haben nicht überstürzt gehandelt. Wir recherchierten ca. vier Jahre lang und überlegten uns gut, wie wir dieses Vorhaben in die Tat umsetzen könnten, ohne unsere Kinder und uns in zu große Gefahr zu bringen.

Wir bekamen im Laufe der Zeit immer wieder Besuch von der Oma sowie von Onkel und Tante aus dem Westen. Sie alle wollten wir jedoch nicht in unsere Fluchtgedanken und Fluchtpläne einweihen, bzw. wir wollten sie nicht damit belasten oder belästigen.

Zu Hilfe kam uns eine neue Freundschaft.

Unsere besten Freunde aus Gotha erhielten öfter Besuch aus dem Westen. Wir feierten zusammen in ihrer oder in unserer Wohnung und hatten großen Spaß bei jedem Treffen.

An der Geschichte Ostdeutschlands interessiert und dem Ruf folgend, dass man in „der Zone" sehr gut feiern kann, brachten sie im Jahr 1978 ein weiteres Ehepaar mit in die DDR. Mit diesem Ehepaar verband uns sofort Sympathie, aus der im Laufe der Zeit eine innige Freundschaft wurde. Nun beantragten wir für dieses Ehepaar die Einreise- bzw. eine Besuchserlaubnis. Sie durften einreisen und waren von da an ca. drei- bis viermal im Jahr unsere Gäste.

Wir sahen uns gemeinsam Eisenach, Gotha, Erfurt, Weimar und ganz Thüringen an und verbrachten fröhliche Stunden und Tage miteinander. Aber es wurde auch viel diskutiert und geredet, bis wir glaubten, sie gut genug zu kennen, um unsere Fluchtgedanken auszusprechen.

Die erste Reaktion unserer neuen Freunde war sehr überraschend. „Was wollt ihr denn im Westen? Ihr habt es doch gut hier. Glaubt ihr denn, bei uns fliegen euch die gebratenen Tauben in den Mund? Im Westen ist auch nicht alles Gold, was glänzt." So argumentierten sie.

Doch als sie merkten, dass wir es ernst meinten und von diesem Vorhaben nicht mehr abzubringen waren, ließen sie sich auf erste Überlegungen ein.

Von diesem Zeitpunkt an wurde nur noch leise gesprochen. Unsere Fenster blieben geschlossen, und wir machten die Musik lauter, damit keiner mithören konnte.

Wir sprachen auch mit unseren Freunden aus Gotha über unsere Fluchtgedanken. Sie outeten sich, dass auch sie darüber nachdachten, die DDR zu verlassen. Da sie aber eine kleine Tochter hatten, mit welcher sie die Gefahr einer Flucht nicht eingehen wollten, kam für sie nur ein offizieller Ausreiseantrag infrage. Später hatten sie einen solchen Antrag gestellt und durften tatsächlich nach vielen Schwierigkeiten und Schikanen ausreisen.

Heiner, unser neuer Freund aus dem Westen, begann unsere Wünsche ernst zu nehmen. Er recherchierte und kam bei jedem Besuch mit neuen Erkenntnissen zu uns. So riet er uns schon sehr bald von organisierter Fluchthilfe ab. Seiner Meinung nach, würden wir bei solcher Inanspruchnahme hoch verschuldet im gelobten Land ankommen. Oder wir kämen gar nicht an, das hieß: Die Fluchthilfe würde misslingen und wir wären trotzdem zur Zahlung der vereinbarten Summe verpflichtet, sofern wir denn, nach Verhaftung und Absitzen einer Strafe unser Ziel überhaupt erreichen würden.

Den letztendlich gewählten Plan hatte mein Mann geschmiedet.

Für uns kam die deutsch-deutsche Grenze nicht infrage. Im Hinblick darauf, dass wir unsere beiden Söhne (zur Zeit der Flucht acht und fünf Jahre alt) mitnehmen wollten, wurde die Variante, von Rumänien nach Jugoslawien zu fliehen, gewählt.

Noch einmal vergingen viele Monate, bis wir beschlossen, im Juli 1981 die DDR, als Urlaubsreise getarnt, zu verlassen.

In Vorbereitung dessen säuberten wir vorher unser Zuhause. Das heißt, alles was der Staatssicherheit nicht gefallen könnte, vernichteten wir. An einem Abend verbrannten wir Bücher, Bilder und Dokumente. Unsere gemeinsame Heizung, die noch mit Holz und Kohle betrieben wurde, fuhr zu Höchstleistungen auf. Meine Schwiegereltern kamen zu uns und beschwerten sich darüber, dass wir so viel nachgelegt hatten. Sie schwitzten und verstanden uns nicht.

Wir erzählten der älteren Schwester meines Mannes von unserem Vorhaben und versteckten mit ihrem Wissen einige Wertgegenstände in einer Scheune auf dem Grundstück.

Mit Kollegen und Kolleginnen war ich in Erfurt auf der IGA. Die Internationale Gartenausstellung war oft Ziel von Betriebsausflügen. Wir kamen an einem Textilgeschäft vorbei, wo eine lange Menschenschlange geduldig darauf wartete, bedient zu werden. „Was gibt es da zu kaufen?", war die Frage, die sofort alle beschäftigte. Es gab schöne, weiche Frottierhandtücher. Meine Kolleginnen reihten sich sofort in die Reihe der Wartenden ein, um welche zu erwerben. „Ich brauche keine", sagte ich. Alle sahen mich entsetzt an und fragten: „Wie, du brauchst keine?" Um mich nicht verdächtig zu machen, kaufte ich dann doch sechs Frottierhandtücher. Denn wenn es etwas zu kaufen gab, dann kaufte man es, ob man es brauchte oder nicht. Man konnte es ja verschenken oder eintauschen.

Von unseren Fluchtplänen erfuhr niemand etwas. Wirklich *niemand*, außer den erwähnten Personen – unsere Freunde aus Gotha und die ältere Schwester meines Mannes.

Unseren Eltern, Großeltern, Geschwistern, Onkel, Tanten, Freunden sagten wir kein Sterbenswörtchen – wir hätten alle nur in Gefahr und Schwierigkeiten gebracht.

Und nicht zuletzt für uns selbst, hätte es Gefahr bedeutet, sich noch mehr Menschen anzuvertrauen. Auf unserem weiteren Weg in den Westen begegneten uns mehrere Häftlinge, die durch Verrat bereits während der Vorbereitungen zur Flucht von der Staatssicherheit „zur Klärung eines Sachverhaltes" zu Hause abgeholt wurden, oder Mitwisser, die dann später selbst verhaftet und bestraft wurden.

Zwei Arten von Verrat galt es hierbei zu unterscheiden:

1. ein Verräter meldet sein Wissen den Behörden
2. durch eigene Handlungen und/oder Bemerkungen macht man sich verdächtig und die Behörden greifen zu …

Mein damaliger Chef kam während der Arbeitszeit zu mir und befragte mich, welchen Urlaub wir geplant hätten. Ich erzählte ihm in einem recht ausführlichen Gespräch, dass wir mit unseren Kindern über Ungarn nach Bulgarien wollten. Dass wir zwei Wochen zelten würden. Ich beschrieb ihm die Route und die einzelnen Stationen und erzählte ihm, was wir uns alles ansehen wollten. So viel und so gut hatte ich bis zu jenem Zeitpunkt noch nie gelogen. Auch danach ergab sich keine solche Notwendigkeit mehr.

Wir waren beide 29 Jahre alt und verließen unsere Eltern, Geschwister, Freunde und Verwandte, obwohl wir nicht wussten, ob wir sie jemals wiedersehen würden. Wir wollten nicht mehr in diesem Land leben. Es bot uns, und vor allem unseren Kindern, keine Zukunft. Und wenn uns „die gebratenen Tauben" nicht in den Mund fliegen würden, so sollte diese Flucht für eine bessere Zukunft unserer Kinder stattfinden.

An die Wiedervereinigung glaubten wir nicht.

Das vor uns liegende Leben erschien uns verlockender, als das bisherige.

Juli 1981 – Der Plan

Da wir die innerdeutsche Grenze als unüberwindbar ansahen, entschieden wir uns, die Flucht auf dem Landweg von Rumänien nach Jugoslawien zu wagen. Die Donau bildete etwa die Hälfte der rumänisch-jugoslawischen Grenze, der andere Teil war Landgrenze.

Wir hatten das Wissen oder besser gesagt, den Glauben, dass an dieser Grenze noch Schlupflöcher verblieben waren. Dass diese Grenze nicht so streng bewacht würde wie der innerdeutsche Grenzverlauf und vor allen Dingen, dass dort nicht geschossen würde.

Wir wussten, dass DDR-Flüchtlinge, welche die Botschaft der Bundesrepublik Deutschland in Belgrad erreichten, Pässe bzw. Ausreisepapiere bekamen, mit denen sie dann in die Bundesrepublik einreisen konnten.

Unsere (Urlaubs-)Reise sollte, wie schon so oft, mit dem Wartburg meiner Schwiegereltern durchgeführt werden. Die Reiseroute führte über die Tschechoslowakische Republik, durch Ungarn nach Rumänien.

In stundenlangen Zusammenkünften, die Köpfe über Landkarten gebeugt, wurde ein Treffpunkt mit unserem Westfreund Heiner gesucht und gefunden. Wir entschieden uns für den kleinen Ort Oravita in Rumänien, etwa 50 km von der jugoslawischen Grenze entfernt, weil er einen Campingplatz hatte.

Heiner wollte sich am Freitag, den 17.7.1981, in diesem Ort auf diesem Campingplatz mit uns treffen. Er wollte uns am nächsten Tag mit seinem BMW so nah als möglich in Richtung jugoslawische Grenze fahren, da wir wussten, dass wir mit unserem ostdeutschen PKW nicht weit kommen würden.

Auf jugoslawischer Seite führte eine Straße dicht an der Grenze entlang. Dort wollte er auf und ab fahren und nach uns Ausschau halten. Dazu musste er den Grenzübergang Stamora Morravita, der nicht weit entfernt war, zwecks Ein- und Ausreise passieren.

Geplant war, uns dann in die Hauptstadt Belgrad zu fahren.

Juli 1981 – Die Flucht

Wir verließen am Montag, den 13.7.1981, unser Zuhause. Wir waren mit allem ausgestattet, was man für einen Campingurlaub benötigte. Wir hatten ein Zelt, Luftmatratzen, Steppdecken, 4 Klappstühle und einen Klapptisch, einen Gaskocher, Campinggeschirr und vieles mehr dabei.

Außerdem hatten wir aber auch all unsere Zeugnisse, die Personalausweise, unsere Sozialversicherungsausweise, die Impfausweise, Geburtsurkunden und das Familienstammbuch in der Tasche.
Des Weiteren hatten wir, was kein Grenzkontrolleur hätte finden dürfen, meinen gesamten Schmuck, einen Kompass, ein Fernglas, eine Drahtschere, ein Messer und Pfeffer zur Abwehr von Hunden sowie Straßenkarten von den Durchfahrtsländern und von Rumänien – wo wir doch offiziell gar nicht hin wollten – sowie reichlich Bargeld in Ost- und auch in Westmark dabei. (Die Westmark waren über einen langen Zeitraum angesammelte „Spenden" unserer Gäste aus dem Westen.)

Und natürlich unsere Kinder.

Während ich hier meine Aufzeichnungen beginne, wird mir sehr deutlich, was wir ihnen zugemutet haben. Wir wussten jedoch, dass wir gute, liebe, starke, brave Kinder haben, mit denen wir diese Flucht wagen können.

Wir verließen unsere Wohnung, unser Haus, das Dorf und alle Menschen, die wir liebten.

Wir fuhren wie geplant durch die Tschechoslowakische Republik, dann durch Ungarn und Rumänien. Unterwegs schliefen wir auf Campingplätzen in unserem Zelt und kamen schließlich wie verabredet am Freitag, den 17. Juli, in Oravita an. Diese Kleinstadt hat laut heutiger Recherche ca. 15.000 Einwohner. Wie viele es damals waren, wissen wir nicht.

Auf unserer Karte war ein Campingplatz eingezeichnet. Aber in der Stadt angekommen, konnten wir keinen Campingplatz finden und niemand vor Ort wusste von einem solchen.

Kurze Anmerkung: Erst als wir im Westen ankamen, erfuhren wir, dass sämtliche in Osteuropa herausgegebenen Karten für Bereiche des „eisernen Vorhangs" mit falschem Inhalt und verkehrten Maßstäben versehen wurden.

Wir fuhren ziellos durch die Straßen. Was nun? Wie sollten wir Heiner treffen, wenn es den Treffunkt nicht gab? Wir fragten nach einem Hotel. Auch das wurde verneint. Es gab kein Hotel in dieser Stadt? Schließlich riet uns ein sehr netter alter Herr, wir mögen doch einmal im Sanatorium nachfragen, ob wir mit unseren Kindern dort übernachten könnten. Die Wegbeschreibung führte in die Richtung, wo der Campingplatz hätte sein sollen.

Und da sahen wir ihn plötzlich, den dicken, fetten, schwarzen BMW mit unserem Freund Heiner am Steuer. Unsere Kinder waren mehr als erstaunt, und wie sehr wir selbst uns freuten, ist kaum in Worte zu fassen. Wir fuhren gemeinsam zum Sanatorium, denn wir wollten erst am nächsten Tag aufbrechen und die dann folgende Nacht, eine Vollmondnacht, für unsere Flucht nutzen. Es gab wirklich ein Zimmer für uns alle. Gegen Westgeld, natürlich. Wir überquerten das Gelände des Sanatoriums und erreichten unser Zimmer. Dort sagte unser Freund Heiner: „Wenn das hier ein Sanatorium ist, dann möchte ich nicht wissen, wie ein Knast in Rumänien aussieht."

Wir luden alles aus dem Auto, was wir für diese eine Nacht und für die Flucht benötigten. Danach nahmen wir ein Abendessen bzw. eine Henkersmahlzeit im Städtchen ein. Bei dieser Gelegenheit eröffneten wir unseren Kindern, dass wir am nächsten Tag etwas Verbotenes tun würden.

„Wir machen eine Nachtwanderung und gehen in den Westen."

Unsere Söhne waren sehr aufgeregt. Sie verstanden, dass es gefährlich und verboten war. „Wenn wir dort ankommen, bekommt ihr einen ganz großen Legobaukasten." Diese Prophezeiung machte ihnen Mut und gab ihnen ungeahnte Kräfte.

Die Kinder und ich durften in den drei vorhandenen Betten schlafen, die beiden Männer auf dem Fußboden.

Mit rumänischen Schnäpsen hatten wir uns Mut angetrunken und konnten wider Erwarten gut schlafen. Am nächsten Morgen gab es sogar ein Frühstück im Sanatorium. Doch da hatte uns der Hunger schon verlassen.

Wir fragten nach, ob wir eine weitere Nacht hier schlafen dürften, weil wir uns die Gegend gerne ein wenig ansehen würden. Ein PKW genüge dafür, der zweite bliebe auf dem Gelände des Sanatoriums zurück.

Wir ließen den Wartburg meiner Schwiegereltern dort stehen, ohne zu wissen, was damit geschehen würde.

Das Schicksal dieses Autos wird später noch ein Thema.

Zu fünft im Auto sitzend fuhren wir ungefähr 40 km in Richtung Grenze. Unterwegs mussten wir anhalten und aussteigen, weil wir Hunger oder Durst hatten. Teilweise waren die Straßen so schlecht, dass wir erneut ausstiegen, um ein Aufsetzten des Wagens zu verhindern und das Weiterfahren zu ermöglichen. Scharen von Gänsen stellten sich uns immer wieder in den Weg.

Gegen Nachmittag kam die erste ernsthafte Gefahr auf uns zu. Die Grenze befand sich noch ca. 10 km entfernt. Da standen zwei bewaffnete Soldaten am Straßenrand und kontrollierten jedes Fahrzeug und dessen Insassen.

Mit rasendem Puls hielten wir an – Adrenalin pur.

Heiner, unser Fahrer, reichte seinen (West-)Reisepass aus dem Fenster. Die Soldaten sahen sich das Dokument gründlich an. Er erzählte ihnen, dass wir zum Grenzübergang Stamora Moravita wollen, um in Jugoslawien Urlaub zu machen. Dann reichte er den beiden zwei Schachteln Marlboro. Die beiden waren so verblüfft und erfreut, dass sie uns mit ganz vielen guten Wünschen zur Weiterfahrt aufforderten.

Erleichtert fuhren wir weiter, merkten jedoch, dass es nun ernst werden würde. Unsere Straße führte auf die Grenze zu und verlief langsam parallel zu dieser. Wir sahen Wachtürme. Auf jedem standen Soldaten mit Gewehren und Ferngläsern. Es war inzwischen 16 Uhr geworden. Unser Auto hielt an. Heiner öffnete die Motorhaube und schaute geraume Zeit, ein Problem vortäuschend, hinein.

In der Zwischenzeit verließen mein Mann, die Kinder und ich das Auto durch die Seitentür. Wir durchquerten einen kleinen Graben und verkrochen uns in dem daran angrenzenden Gebüsch. Ein langer Streifen kleiner Bäume und Sträucher, welcher Feld und Straße trennte, bot uns Unterschlupf.

Als Heiner uns im Gebüsch sicher versteckt wusste, klappte er die Motorhaube wieder zu und fuhr weg. Er überquerte kurze Zeit später den Grenzübergang nach Jugoslawien.

Dort wurde er kritisch beäugt und befragt, weswegen er heute schon wieder zurückreisen würde, wo er doch gestern erst eingereist sei. Seine Erklärung „er habe Probleme mit dem Auto", nahm man ihm ohne weitere Fragen ab und ließ ihn ziehen.

Jetzt waren wir uns selbst überlassen. Wir waren alle von Kopf bis Fuß schwarz gekleidet. Mein Mann trug nur das bereits beschriebene Fluchtwerkzeug bei sich, und ich hatte eine schwarze Tasche, welche ich auch auf dem Rücken tragen konnte, als einziges Gepäckstück. In dieser Tasche befanden sich außer meinem Schmuck und unseren Papieren nur noch wenige Kleinigkeiten.

Es war eine laue Sommernacht. Wir waren leicht bekleidet. Wir froren nicht, wir schwitzten nicht – oder fühlten wir in dieser Nacht gar nichts?

Plötzlich fiel uns auf, dass der Kompass fehlt. Er war in der Aufregung im Handschuhfach des BMW liegen geblieben. Ein schwerwiegender Fehler, wie sich noch herausstellen würde. Mein Mann war nun unser Kompass. Er orientierte sich an den Sternen. Der Vollmond leuchtete wie bestellt, und uns begleiteten Mut und Entschlossenheit.

Wir saßen im Gebüsch und beschrieben unseren Kindern noch einmal, was wir vorhatten, warum und mit welchem Ziel. Wir erzählten ihnen einige Märchen und Geschichten und warteten die Dunkelheit ab.

Plötzlich hörten wir das Rattern eines Mopeds. Es fuhr direkt auf uns zu. Ein Mann saß darauf. Er hielt an, stieg ab und stand nur drei Meter von uns entfernt. Er lud einen Ballen Stroh auf sein Gefährt und ratterte wieder davon.

Mein Mann und ich nahmen ein paar leichte Beruhigungstabletten zu uns.

Die Zeit verging schneller als gedacht. Im Nu war es 20 Uhr und dunkel genug, um aufzubrechen.

Einen Begleiter hatte ich bisher noch nicht erwähnt. Ein kleiner grüner Plastikfrosch mit einer Metallfeder am Bauch. Wenn man diese Feder niederdrückte, dann gab das Fröschlein einen Laut von sich, welcher einem echten Froschquaken ähnelte.

Mein Mann ging in gebeugter Haltung voraus. Er überquerte die Straße und drüben angekommen, drückte er die Feder des Fröschleins nieder. Damit wussten wir, die Luft ist rein und wir folgten ihm vorsichtig und geräuscharm. Immer wieder ging er 10 bis 20 Meter voraus, und wenn keine Gefahr bestand, ließ er den „Frosch" quaken. Dann folgten wir ihm vorsichtig. Auf diese Art und Weise brachten wir große Teile des Weges hinter uns.

Die Wachtürme lagen etwa 500 Meter auseinander. Wir passierten unbemerkt die ersten beiden Türme und waren glücklich.

Dann begann eine Wanderung von ca. 20 km durch die Nacht.

Gott sei Dank, wussten wir dies beim Aufbruch nicht. Es wurde nach unseren Aussagen durch die Stasi rekonstruiert und uns später preisgegeben.

Nach den Türmen folgte in gewissem Abstand ein breiter Streifen Ödland, welcher scheinbar gepflügt und gepflegt wurde, um Grenzübertritte verhindern oder verfolgen zu können. Wir überquerten diesen Streifen ohne Rücksichtnahme und Konsequenzen.

Dann ging es lange Zeit nur geradeaus.

Kein Weg, nur Wiese oder Feld. Plötzlich Stacheldrahtwickel von einem Meter Höhe. Alles überwindbar. Zwei hielten von einer Seite und zwei wanderten durch, dann umgekehrt. Unsere Söhne machten gut mit und waren voll bei der Sache. Noch hatte unsere *Nachtwanderung* den Geschmack von großem Abenteuer. Und da war ja auch noch der Legobaukasten, der sie erwartete …

Wir durchquerten ein Maisfeld. Die Halme waren fest, stechend und unangenehm. Es war schmerzhaft, hier durchzukommen. Danach folgte wieder eine lange Strecke geradeaus.

Ziel war die Parallelstraße in Jugoslawien, auf der Heiner auf und ab fuhr, während er auf uns wartete.
Dann: das nächste Hindernis. Ein kleiner Bach. Einen Meter breit und tief genug, damit man ihn nicht so einfach durchschreiten konnte. Mein Mann stellte sich in die Mitte. Er brachte uns alle drei hinüber.
Wie er das gemacht hat, ist mir bis heute ein Rätsel.

Nach dieser Bachüberquerung waren seine Schuhe nass, ebenso Strümpfe und Füße. Außerdem war seine Hose im Schritt gerissen. Schlamm und Schmutz hafteten an uns allen.

Doch es ging weiter.

Ich begann zu hoffen, dass wir nach all diesen überwundenen Hindernissen bereits auf jugoslawischem Gebiet seien.

Nun schritten wir in ein Tal. Unten angekommen erkannten wir einen riesigen Baumbestand bzw. kleinen Wald, um den wir herumgehen mussten. Ihn zu durchqueren, schien zu gefährlich. Zeit spielte keine Rolle mehr. Inzwischen war es weit nach Mitternacht.

Mücken setzten uns zu. Besonders die Kinder waren wohl ein Leckerbissen für sie. Müdigkeit wurde spürbar, aber wir mussten weiter. Die Straße konnte nicht mehr weit sein.

Da kam ein Stoppelfeld. Stoppelfelder können gemein sein.

Und am Ende des Stoppelfeldes wieder eine trockene, staubige Graslandschaft.

Plötzlich Hundegebell. Zwei große Hütehunde und drei kleine kamen auf uns zu gerannt und bellten aus vollem Halse.
Mein Mann nahm geistesgegenwärtig Erdklumpen und begann, die fünf damit zu bewerfen. Mit Gegenwehr hatten sie wohl nicht gerechnet. Sie zogen sich schnell, aber laut bellend zurück.
Noch heute, wenn ich entfernt mehrere Hunde gemeinsam bellen höre, denke ich an unsere Fluchtnacht in Rumänien.

Und dann sahen wir es erst. Auf der Erde lag ein riesengroßer Klumpen, mit Fell bedeckt, der sich bewegte. Absolut angsteinflößend – was war denn das?
Das war der Schäfer, der da schlief. Aber nach unserer Auffassung war er zu müde, oder er hatte genug Sliwowitz getrunken, oder er vertraute seinen Hunden vollends, denn er drehte sich nur um und schlief weiter.

Zwei Stunden später. Wir hatten jede Art von Feld und Wiese noch einmal durchwandert und hatten Durst. Schließlich waren wir nicht auf eine so lange Wegstrecke vorbereitet.

Da stand ein Pflaumenbaum mit schönen, reifen Früchten am Wegesrand. Sie gaben uns neue Kraft. Inzwischen trugen wir unsere Kinder immer öfter. Mein Mann den großen und ich den kleinen Sohn. Meine Füße begannen zu schmerzen und waren nicht mehr zu vielem bereit.

Noch einmal ein Grüngürtel mit Bäumen und Sträuchern, der uns zwang, nach links abzudriften. Nach weiteren ungezählten Schritten erreichten wir einen Hügel und sahen die Lichter einer Straße. Dort war unsere Straße.

Hurra!!! Wir hatten es geschafft. Nun konnten wir wieder zügiger laufen und kamen bald dort an. Aber es war keine Straße. Es war eine Eisenbahnlinie.

Nach rechts, wir mussten uns mehr nach rechts halten.
Morgens um 4 Uhr standen wir vor einem kleinen Weg.
„Dieser Weg führt in bewohntes Gebiet, dem folgen wir jetzt", sagte mein Mann, und wir folgten dem Weg und sahen, dass wir uns einer Ansiedlung näherten.
Ich war noch immer der Meinung, bereits auf jugoslawischem Gebiet zu sein – die Hoffnung stirbt zuletzt.
Einen weiteren Kilometer liefen wir, dann führte ein abfallender Weg direkt in einen Ort hinein. Wir waren im Ort angekommen. Rechts neben uns stand die Kirche.

Da kam eine Frau auf einem Fahrrad angefahren.
Mein Mann fragte: „Soll ich sie fragen, wo wir sind?"
Ich antwortete: „Warum denn nicht?"
„Das kann aber das Ende bedeuten."
Nicht vorstellbar für mich.
Oder doch? Ich war einfach am Ende meiner Kräfte und die Kinder erst recht.

Die Frau kam auf uns zu geradelt und sah sich vier Fremden gegenüber, die alle in schwarz gekleidet waren, mit verschmierten Gesichtern, denn die hatten wir mit Erde geschwärzt, um in der Dunkelheit nicht sichtbar zu sein. Hatte sie auch die zerrissene Hose meines Mannes wahrgenommen?

Sie machte plötzlich kehrt, stieg auf ihr Rad und radelte davon, als hätte sie den Teufel persönlich gesehen.

Unsere Kinder waren müde und völlig erschöpft. Wenn wir sie nicht festhielten, kippten sie einfach um. Aber sie waren noch immer diszipliniert, das heißt, sie verhielten sich völlig still. Manch anderes Kind hätte zu diesem Zeitpunkt lauthals geweint. Unsere Söhne nicht.

Darauf sind wir heute noch stolz.

Wir beschlossen, in die Kirche zu gehen. Aber, die war verschlossen. Wenn man das Gotteshaus schon mal braucht ...

Nun gingen wir um sie herum auf den Friedhof. Die Kinder und ich legten uns hinter ein paar Grabsteinen nieder und unser „Anführer" beschloss, sich umzusehen.

„Schlaft ihr etwas, ich sehe mal nach, wo wir sind."

Wir schliefen sofort ein.

Verhaftung in Rumänien

Im Unterbewusstsein hörte ich Kirchenglocken läuten.

Kurz und kräftig – bim, bim, bim, bim – Alarm!

Das nächste, was ich wahrnahm, war Hundegebell.
Ein Gewehrlauf über meinem Kopf und der Befehl, mich zu erheben, ließen mich schlagartig wach sein. Ich blickte auf drei bewaffnete Männer in Uniform und begann zu zittern. Meine Hände zitterten so sehr, dass ich nicht mal meine Tasche öffnen konnte, um ihnen unsere Papiere zu zeigen.

Ob sie das verlangt hatten, oder ob ich das, als für den Moment erforderlich ansah, weiß ich heute nicht mehr.

Dann kam mein Mann zurück. Er hatte alles, was verräterisch war (Werkzeug, Messer, Pfeffer) im Wald gelassen. Nur das Fernrohr hing noch um seinen Hals. Er sah mich an und wir wussten, hier endete unsere Flucht.

Es war Sonntag, der 19. Juli 1981. Frühmorgens um 5 Uhr.

Wir wurden verhaftet.

Nachdem auch die Kinder wach waren, führte man uns mit vorgehaltenen Maschinenpistolen durch das Dorf. Der kleine Ort hieß Varadia und hatte ca. 1.500 Einwohner. An jedem Haus war mindestens ein Fenster geöffnet, und viele Bewohner schauten heraus, um zu sehen, was da los war.
Es war gefühlt ein langer Weg über die Dorfstraße zum Wohnsitz des Dorf-Sheriffs. So nennen wir ihn mal. In Wirklichkeit hieß er Georg. Er und seine Frau hatten sich vom ersten Moment an rührend um uns gekümmert, sodass hier ein Loblied auf die Menschlichkeit gesungen werden muss. Sie nahmen uns auf ihrem Grundstück, welches durch ein hölzernes Tor verschlossen und vor allen Blicken geschützt war, auf.
Heute kommt mir der Gedanke, ob es wohl abgeschlossen wurde, als wir dort waren. Aber das hat uns damals nicht interessiert.

Wir durften uns am Brunnen waschen. Die Gesichter, die Hände und die Füße. Sie gaben uns Essen und Trinken, ein Schnäpschen und Zigaretten. Seine Frau ging mit unseren Kindern ins Nachbarhaus zum Arzt. Die Jungs hatten zu viele Mückenstiche. Es musste danach geschaut und etwas unternommen werden.

Georg brachte zum Ausdruck, dass wir uns sehr in Grenznähe befänden. „Ich könnte euch hinüber führen, wenn euch am Morgen nicht so viele Dorfbewohner bei der Festnahme gesehen hätten."

Die Verständigung erfolgte teils in deutscher, teils in russischer und teils in englischer Sprache.

Welche Fäden in der Zwischenzeit gezogen wurden, verschließt sich uns.

Noch am gleichen Abend fuhren uns Georg und ein weiterer Uniformträger mit zwei Personenkraftwagen in die Kreisstadt Resita.

Dort wurden wir in einem Hotel untergebracht. Mit Dauerbewachung vor der Tür. Zum Glück durch unseren Georg. Er und der zweite Mann wechselten sich ab. Duschen, essen und danach schnell Schuhe kaufen. Ja, wirklich. Mit bewaffneter Begleitung führte man mich in die Stadt, und ich durfte mir neue Schuhe kaufen. Meine Füße waren nach dieser Wanderung und durch das Tragen der Kinder so sehr angeschwollen, dass ich in meine Flucht-Schuhe nicht mehr hineinpasste. Ich fand ein paar rote Stoff-Espadrilles. Es dauerte mehr als eine Woche, bis meine Füße wieder normale Größe angenommen hatten.

Am Morgen brachte man uns Essen aufs Zimmer.

Wir wussten nicht, was nun mit uns geschehen sollte und wie es weiterging.

In dieser Zeit habe ich ein Blatt Papier aus dem Hotelbestand genommen und darauf unsere Festnahme geschildert. Dann habe ich dieses Blatt unter die Tischdecke des im Zimmer stehenden Tisches geschoben. Es gibt keine Erklärung dafür, warum ich das getan habe. Es hat mir wohl die Zeit verkürzt und auch gutgetan. Ob jemand diese Zeilen gefunden und gelesen hat? Und was hat der oder diejenige dabei gedacht und empfunden?

Am Nachmittag kam Bewegung ins Spiel. Wieder schien ein Befehl ergangen zu sein. Wir wurden mit den beiden Fahrzeugen in die Bezirksstadt Timisoara gebracht. Noch immer waren unsere Begleiter die gleichen.

Im Polizeirevier in Timisoara saßen wir einem großen, stattlichen Rumänen in Uniform mit diversem Schulterschmuck gegenüber. Er befragte uns gründlich. Er sprach Deutsch. (Was uns übrigens sehr viel und oft begegnete und alles erheblich erleichterte.)

Wir erzählten unsere Geschichte in Kurzform.

Er hörte sie sich geduldig an und sagte dann die folgenden, unglaublichen Worte zu uns: „Sie sollen sehen, dass wir Ihre Freunde sind. Wenn Sie wollen, können Sie wieder nach Hause fahren. Sie müssen nur sofort das Land verlassen."

Wir trauten unseren Ohren nicht und waren uns doch in recht kurzer Zeit, ohne viele Worte und mit wenigen Blicken einig.

Das wollen wir nicht!

Wir waren skeptisch. Konnte das sein? Oder machten diese Behörden trotzdem Meldung an die DDR und würden wir dann bereits an der Grenze mit Handschellen empfangen?
Wir wussten, wenn wir zurückkehrten, könnte eine falsche Äußerung uns verraten. Besonders durch die Kinder. Das bisher Erlebte alles zu verschweigen, wäre ein Kunststück.

Wir wussten, uns könnte untersagt werden, jemals wieder die DDR für eine weitere Urlaubsreise zu verlassen.

Wir wussten, dass wir im nächsten Jahr erneut versuchen würden zu fliehen und dann in der gleichen Situation enden könnten, wie in diesem Moment.

Und wir wussten, dass der Weg in den Westen auch über das Gefängnis führen konnte. Dieses Risiko waren wir bereits beim Verlassen unseres Heimes eingegangen.

Mit den Kindern auf dem Schoß und Tränen in den Augen lehnten wir sein Angebot ab.

Er war darüber dermaßen überrascht, dass er wütend das große, vor ihm liegende Buch zuklappte, mit der rechten Hand kräftig darauf haute und lauthals „BONG" rief. Er war wütend auf uns. Nun hatte er Formalitäten zu erledigen und dafür Sorge zu tragen, dass wir (wo und wann auch immer) von den DDR-Behörden übernommen würden.

Es ging alles sehr schnell. Wir mussten ja nicht packen. Wir trugen noch immer die Kleidung der Fluchtnacht. Wir hatten nur ein Fernglas und meine schwarze Tasche bei uns.

Georg überbrachte die Nachricht, dass er uns mit dem Zug nach Bukarest bringen soll. Noch in dieser Nacht. Allerdings waren noch vier Stunden Zeit bis zur Abfahrt des Zuges.

Mein Mann machte einen Vorschlag: Wir sollten gemeinsam essen gehen. „Bitte ein gutes Restaurant, denn wir haben noch genug Geld und was damit geschieht, wenn wir erst in den Fängen der Staatssicherheit sind, das ist eh ungewiss."

So saßen wir sechs in einer, für rumänische Verhältnisse, sehr noblen Gaststätte an einem Tisch (auch der zweite Begleiter war noch immer für unsere Bewachung abgestellt) und genossen eine weitere Henkersmahlzeit.

Immer wieder brachten unsere Bewacher zum Ausdruck, dass es ihnen leidtut, uns ausliefern zu müssen. Sie entschuldigten sich mehrfach. Es gab viel Sympathie auf beiden Seiten.
Mein Mann hatte Georg inzwischen sein Fernglas geschenkt. Dieser war mehr als dankbar dafür und er vertraute meinem Mann.

Er verließ sich auf sein Wort, dass wir keinen Fluchtversuch machen würden und legte ihm keine Handschellen an. Dabei hatte er sie.

Wir aßen mehrere Gänge, tranken gute Weine und auch dieses und jenes Schnäpschen. Das Personal hatte Freude an uns. Was sie über diese illustre Gesellschaft dachten, hätte ich gerne gewusst. Dann wurde gezahlt und ein großzügiges Trinkgeld gegeben.

Oh, es war spät geworden. Eile war geboten.
Schnell in die beiden Polizeiautos, und los ging es mit Blaulicht und Sirene zum Bahnhof. Eine Bahnschranke senkte sich nieder, und die beiden Streifenwagen fuhren trotzdem mit Vollgas noch gerade eben so darunter hindurch. Durch das Tempo hüpften wir auf der Rückbank auf und nieder und wackelten von rechts nach links und zurück.
Unsere Kinder waren begeistert ...

Am Bahnsteig wartete der Zug bereits. Er war völlig überfüllt. Sehr viele Menschen besetzten jeden freien Platz in den Abteilen und Gängen. Aber auch Tiere, wie Schafe, Ziegen, Kaninchen, Enten, Gänse und Hühner waren Fahrgäste. Panik stieg in mir auf.

Unsere beiden Bewacher schafften Abhilfe. Sie räumten kurzerhand ein ganzes Abteil, sodass wir bequem auf zwei gegenüberliegenden Bänken Platz nehmen konnten.

Mein Mann, die Kinder und ich auf der einen Bank. Die beiden Bewacher mit ihren Waffen und Handschellen auf der anderen. Die Tür des Abteils wurde geschlossen, und wir waren ein eigenes Universum.

Es dauerte nicht lange, und der Zug startete seine Fahrt in die Nacht. Etwa 550 km legte er in dieser Nacht zurück. Die drei

Männer schliefen recht schnell ein. Der Wein und das gute Essen hatten sie selig gemacht.

Wie oft der Zug unterwegs gehalten hat, weiß ich nicht mehr. Ich war zu sehr mit meinen Gedanken beschäftigt.

Diese Situation war doch verrückt, oder?
Ich saß mittig, die Köpfe meiner Söhne rechts und links auf meinem Schoß liegend. Auch sie schliefen. Da fuhren wir in einen Bahnhof ein. Draußen standen viele wartende Menschen. Der Zug hielt, und genau vor unserem Fenster stand ein junger Mann. Er schaute in unser Abteil. Mir liefen Tränen über das Gesicht. Scheinbar erkannte er die Situation sofort und hob die Hand zum Victory-Zeichen.

Daraufhin musste ich noch mehr weinen.

Haft in Bukarest

Dienstag, der 22. Juli 1981

Ankunft mit dem Zug in Bukarest.
Abschied von Georg und seinem Begleiter.
Wehmut schwang mit. Auch das ist schwer zu glauben. Der Mann, der uns verhaftet hatte – es tat uns leid, dass er uns nun verlassen musste.

Wir unternahmen im Jahre 2013 noch einmal eine Reise nach Rumänien. Auf den Spuren der Vergangenheit wandelnd, wollten wir ihn wiedersehen und noch einmal danken für sein menschliches Verhalten damals. Doch leider haben wir ihn nicht angetroffen. Man gab uns die Auskunft, er sei getrennt von seiner Frau und nach Portugal ausgewandert. Übrigens konnte sich der alte Herr, den wir auf der Dorfstraße bezüglich der Vorgänge im Jahr 1981 ansprachen, sofort an die damalige Verhaftung einer Familie mit zwei kleinen Kindern erinnern. 32 Jahre später.

Mir fehlt die Erinnerung daran, wie wir in Bukarest vom Bahnhof zum Flughafen gekommen sind. Aber irgendwie kamen wir am Morgen dort an und wurden sofort nach der Durchquerung der Flughafenhalle in ein angrenzendes Zimmer gesperrt.

Dieses Zimmer war etwa 30 Quadratmeter groß. Darin waren fünf Betten und ein Waschbecken. Über dem Becken ein Wasserhahn und darüber ein Spiegel. Daneben ein Hocker. Mehr nicht. Kein Schrank, kein Tisch, kein Stuhl. Die Bettwäsche war schmutzig. Ich traf später im Gefängnis Frauen, die geraume Zeit vorher oder Wochen danach mit ihren Partnern in eben dieser Bettwäsche geschlafen hatten.

Wir hatten das Vergnügen vier Nächte lang.

Man muss sich vorstellen. Zwei Erwachsene und zwei kleine Jungs, acht und fünf Jahre alt. Das Zimmer verschlossen. Vor der Tür ein Soldat mit Waffe. Keine Toilette, keine Information über den Fortgang der Handlung, kein Schrank, kein Tisch, kein Stuhl, keine Handtücher, keine Seife, keine Creme, NICHTS …
Ach doch, zwei schmale vergitterte Fenster, hoch über den Betten.

Auch hier bewahrten wir Haltung. Wir waren ja noch immer zusammen.

Wenn wir zur Toilette mussten, klopften wir. Die Tür wurde geöffnet und (einzeln) wurden wir zur öffentlichen Flughafentoilette gebracht. Teils war das ein Vergnügen, denn es brachte Abwechslung. Teils war es ein Martyrium, denn wir weckten Interesse und

Aufmerksamkeit durch die bewaffnete Begleitung, und wir trugen ja noch immer unsere Fluchtkleidung.

Wer war nun für uns zuständig? Wie bekamen wir hier Essen und Trinken? Wasser kam notfalls aus dem Hahn, aber das Essen?

Wir hatten Hunger. Der Soldat vor der Tür verstand das. Er fragte, ob wir Geld hätten.

Am Abend dieses Tages wurde tatsächlich warmes Essen für uns gebracht. Es kostete für uns vier 100 Ost-Mark.

Am nächsten Morgen war mein Mann mutig. Er verwickelte den wachhabenden Soldaten in ein Gespräch. Er bestach ihn mit Westgeld, sodass dieser mit ihm einkaufen ging. Im Flughafen gab es einen Intershop. Von dort brachte er, ich werde es nie vergessen, zehnmal Kinderüberraschung (was Süßes und was zum Spielen), ein Stück Seife, eine Dose Hautcreme, ein Glas Nutella und eine Stange Zigaretten mit.

Am nächsten Tag meldeten wir gleich nach dem Wachwerden unseren Nahrungsbedarf an. Diesmal brachte man bereits gegen Mittag warmes Essen zu uns. Es kostete 100 Ost-Mark.

Für den Abend erbaten wir ebenfalls Verpflegung und „bitte bringen Sie uns Brot und Brötchen, so viel als möglich mit." Es klappte, wir bekamen Abendessen und einige Brötchen. Man nahm uns 100 Ost-Mark ab.

Die Brötchen hoben wir für den nächsten Morgen auf. Zusammen mit dem Glas Nutella wurde das ein herrliches Frühstück – ohne weitere Kosten. Die Tage verbrachten wir auf den Betten sitzend oder liegend.

Diese Tage, in diesem Zimmer hatten neben allen Widrigkeiten jedoch einen hohen, unschätzbaren Wert.

Wir konnten in dieser Zeit unseren Kindern noch einmal ganz klar, deutlich, langsam und für sie verständlich darlegen, warum wir das taten. Dass wir in ein Gefängnis mussten. Dass wir geraume Zeit getrennt sein würden. Dass sie zu Oma und Opa kämen (auch hier wieder mehr Glaube und Hoffnung, als Wissen). Dass danach aber eine wundervolle gemeinsame Zeit in der Bundesrepublik auf uns wartete, wo wir zusammen ein neues Leben aufbauen würden. Unsere Kinder verstanden und vertrauten uns.

Mein Mann schulte auch mich intensiv und führte mir alle möglichen Konsequenzen vor Augen. Er erklärte mir, dass, egal was kommt, wir bei unserem Vorhaben bleiben müssen. Wir dürften nicht wankelmütig werden. Immer wird das Ziel sein, die DDR zu verlassen. Man würde versuchen, einen Keil zwischen uns zu treiben. Niemals solle ich an ihm zweifeln, ganz gleich, was man mir erzählt.

Die Kinder spielten mit dem Inhalt ihrer Schoko-Eier und machten auch in dieser Situation keine Probleme. Sie durften inzwischen zu zweit auf die Toilette gehen und sich danach in der Flughafenhalle ein wenig aufhalten und bewegen. „Wir haben Fußball gespielt", erzählten sie, als sie wieder zurückkehrten und das Schloss hinter ihnen zufiel.

Einmal brachten sie zwei russische Orden mit herein und zeigten sie uns ganz stolz. Mein Mann sah sie, klopfte an der Tür und warf sie nach dem Öffnen in hohem Bogen nach draußen.

Da es an allem mangelte, wurden extreme Notlösungen geschaffen. Wir wuschen uns mit Wasser und Seife und mit den Unterhemden unserer Söhne. Abgetrocknet haben wir uns mit meinem T-Shirt und dem Hemd meines Mannes. Die Kleidung wurde abends mit Wasser und Seife gewaschen und über Nacht zum Trocknen an die Gitter der Fenster gehangen.

Nachts machten wir alle Pipi ins Waschbecken.

Nebenan waren Geräusche zu hören; menschliche Stimmen. Ob das auch Inhaftierte waren?
Irgendwann stieg mein Mann auf eins der Betten, hangelte sich am Gitter nach oben und rief etwas zum Nachbarfenster hinüber. Sofort bekam er Antwort in gebrochenem Deutsch, und eine dunkelhäutige Hand wurde sichtbar. Eine männliche Stimme fragte, ob er eine Zigarette haben könne. Nachdem er eine Zigarette erhalten hatte, wollte er wissen, wer wir sind. Danach erzählte er, dass er aus Äthiopien stammt, in Paris studiert hat, in Bukarest weiter studieren wollte, kein Geld mehr hatte und nun hier inhaftiert wurde. Es waren mehrere junge Männer, welche bereits über Wochen im Nachbarzimmer unter Verschluss ausharrten und die alle nicht wussten, wie es weitergehen wird.
Mein Mann sagte: „Wenn du in Paris studiert hast, warum bist du nicht dort geblieben, sondern nach Bukarest gekommen?"
Seine Antwort: „Hab ich nicht gewusst, was Sozialismus für Scheiße ist."

So vergingen die Tage und auch wir wussten nicht, wie lange wir hier noch „verwahrt" werden. Nach der dritten Nacht beschloss ich, einen Nervenzusammenbruch zu simulieren.
Morgens begann ich, mich im Liegen hin und her zu werfen und zu weinen. Es klappte. Ein Arzt kam. Er untersuchte mich und gab mir eine Beruhigungsspritze. Und noch am gleichen Abend erschien ein Offizier der Staatssicherheit der DDR. Nach kurzer Unterhaltung gab er bekannt: „Morgen werden Sie in die Heimat gebracht."
Eine gute Nachricht, aber wir waren traurig, denn das bedeutete, dass die Trennung von unseren Kindern nahte. Doch noch länger in diesem Zimmer ... – das war keine Option!

Noch einmal Abendessen, noch einmal 100 Ost-Mark bezahlen. Brötchen für den Morgen verwahren, und nach dem Nutella-Frühstück begann tatsächlich die Abreise.

Wir liefen mit Begleitschutz über das Rollfeld auf eine kleine Maschine zu. Höflich bat man uns hinein. Die Kinder und ich durften an einem Mahagonitisch, umgeben von weich gepolsterten Sitzen, Platz nehmen. Der Tisch hatte Vertiefungen für Flaschen und Gläser.

Mein Mann wurde nach hinten geführt. Kein Abschied. Kein letztes Wort, keine zärtliche Geste. Ich sah ihn erst drei Monate später bei unserer Verhandlung wieder. Ihm wurden in einem separaten Abteil, im hinteren Teil des Flugzeuges, Handschellen angelegt. Das war Routine.

Zwei sehr freundliche Damen (nicht zu vergessen, auch Mitarbeiterinnen der Staatssicherheit) fragten meine Kinder, ob sie etwas essen oder trinken möchten? Die Jungs waren überfordert und von den Eindrücken überwältigt. Sie fragten: „Warum kann Papa nicht bei uns sitzen?" Eine Antwort darauf gab es nicht. Aber die Damen schlugen vor, einen Vanillepudding zu kochen. Das war ein guter Vorschlag, der gerne angenommen wurde.

Es schien, wir waren die einzigen Passagiere. Wir vermuteten, mit dieser Maschine wurden ansonsten Diplomaten und Politiker transportiert, denn die Innenausstattung war sehr edel.

Wir starteten recht schnell und flogen zurück in die Deutsche Demokratische Republik.

Nach ca. zwei Stunden Flug wurden die Vorhänge an den Fenstern zugezogen. Wir befanden uns im Sinkflug. Es war aber zeitlich nicht möglich, dass wir unser Ziel bereits erreicht hatten. Da fiel das Wort „Zwischenlandung".

In Prag stiegen drei junge Männer zu. Sie waren schmutzig, und jeder hatte nur einen kleinen Rucksack als Handgepäck. Sie gingen durch unser Abteil. Jeder schaute mich an und sandte eindeutige Signale. Der Mensch kann sehr schnell zwischen Gut und Böse unterscheiden. Auch sie waren gefasste Flüchtlinge.

Wieder brauchte es nicht lange, und wir starteten erneut.

Weitere zwei Stunden Flug, und wir landeten in Berlin. Ein PKW fuhr sehr nah an das Kleinflugzeug heran und nahm die Kinder und mich auf. Darin saßen ein Fahrer und ein Beifahrer. Es wurde kein Wort gesprochen. Die Kinder fragten, wo wir sind. Ich antwortete ihnen, dass wir in Berlin sind. Dann zeigten sie auf ein paar nahestehende Flugzeuge. Sehr bald verließen wir den Landeplatz, den Flughafen und auch die Stadt. Es ging auf die Autobahn, und der Beifahrer sagte auf meine Frage, wo wir denn hingebracht würden, nur kurz „Erfurt ist unser Ziel".

In diesem Wagen erlebte ich mit meinen beiden Kindern die letzten Kuscheleinheiten für sehr lange Zeit.

Das musste Erfurt sein. Ich kannte diese Stadt, aber nicht gut genug, um sicher zu sein. Man fuhr mit uns auf ein großes Steingebäude zu. Plötzlich öffnete sich ein riesiges Metalltor, das sich gleich nach der Einfahrt des Wagens hinter uns wieder schloss. Das war ein Gefängnis. Ich war zwar noch in keinem, aber ich zog sofort den richtigen Schluss. Hohe Mauern, Glasscherben darauf, Stacheldraht, Gitter an den Fenstern. Wir rollten nur ein paar Meter, da wurde die Tür an der Seite, an der ich saß, geöffnet, und ich stieg aus.

Als ich mich umdrehte, um die Kinder heraus zu holen, wurde diese Tür wieder zugeschlagen, und das Auto fuhr mit meinen Kindern davon.

Bei späteren Schilderungen habe ich die Stasi stets gelobt für diese Vorgehensweise. Denn hätte ich gewusst, jetzt ist der Moment, wo sie mir die Kinder nehmen, ich weiß nicht, wie ich reagiert hätte.

Es war Samstag, der 26. Juli 1981, als ich in die Erfurter Untersuchungshaftanstalt der Staatssicherheit einmarschierte. Mit erhobenem Haupt. Denn das war mein guter Vorsatz.

Keine Schwäche zeigen!

Das stehen wir durch!

Wir haben gewusst, dass es so kommen kann!

Die beiden Jungs wurden in ein Kinderheim gebracht, wo sie zum Glück nur eine Nacht bleiben mussten. Bereits am nächsten Tag brachte man sie auf unseren Wunsch hin zu meinen Schwiegereltern in unser Heimatdorf. Dort verbrachten sie dann 16 Monate ohne ihre Eltern.

Ich weiß nicht, ob wir den Schwiegereltern genug gedankt haben für die Betreuung der beiden während unserer Abwesenheit. Wir hatten sie gewählt, da wir wussten, sie besitzen genügend Courage, um die Jungs gut zu versorgen und gut zu erziehen.

An dieser Stelle sei erwähnt, dass auch alle anderen Familienmitglieder und Menschen in unserem Dorf und Umfeld sehr gut mit den Kindern umgingen. Sie wurden behütet und umsorgt. Man kaufte ihnen Kleidung und machte mit ihnen Wochenendausflüge.

Sie wurden nicht verstoßen oder diffamiert, weil sie die Kinder von Staatsfeinden waren. Im Gegenteil, sie wurden behütet und beschützt. Selbst die Lehrer spielten da mit. Es liegt der Verdacht nahe, alle dachten und handelten anders, als die Staatsmacht es erwartete.

Unsere Kinder kehrten in ihr altes Zuhause zurück. Schließlich gab es unsere Wohnung im Obergeschoß noch, so wie wir sie verlassen hatten. Sie hatten ihre Großeltern, ihre Onkel und Tanten, Cousinen und Cousins, ihre Freunde, die Schule und den Kindergarten wieder.

Nur ihre Eltern waren nicht da.

Sie hatten ihre Umgebung und ihren Alltag zurück. „Nur abends im Bett haben wir manchmal geweint", erzählten sie uns später.

Die Schwiegereltern fielen aus allen Wolken, als ihnen die Kinder gebracht wurden und wir nicht dabei waren. Der erste Gedanke, den beide hatten, es muss „ein tödlicher Unfall" passiert sein.

Einen Tag danach kam die Staatssicherheit zur Durchsuchung unserer Wohnung erneut ins Haus. Sie holten sich Hilfe beim Bürgermeister des Ortes. Eine Angestellte aus dem Büro der Gemeindeverwaltung musste als Zeuge der Durchsuchung beiwohnen. Sie stellten alles auf den Kopf. Fanden aber nichts, was uns zusätzlich hätte belasten können, denn wir hatten ja gründlich aufgeräumt, als wir für heiße Abende gesorgt hatten.

In unserem kleinen Dorf schlug die Nachricht von unserer versuchten Flucht und der Verhaftung hohe Wellen. In Windeseile verbreitete sich die Nachricht und Spekulationen machten die Runde. All das bereitete unserer Familie aufregende Stunden. Meine Eltern verstanden es am allerwenigsten. Meine Mutti schrieb mir ins Gefängnis: „Das kannst du vor Gott und der Welt nicht verantworten, was du getan hast." Diesen Brief habe ich heute noch. Er kam kurz, nachdem sie ihn geschrieben hatte, bei mir an. Der Inhalt hat der Stasi gefallen.

Aber auch meine Eltern kümmerten sich während unserer Abwesenheit sehr gut um die Kinder. Sie haben sie oft zu sich genommen, immer wenn es möglich war, oder Bedarf herrschte.

Letztendlich haben unsere Eltern, Geschwister, Freunde, die Lehrer und viele andere mit ihrem Verhalten dafür gesorgt, dass es unseren Jungs während unserer Abwesenheit an nichts fehlte und sie die Zeit ohne Schäden und Spätfolgen überstehen konnten.

Drei Monate Untersuchungshaft

Ich befand mich in der Untersuchungshaftanstalt des Ministeriums für Staatssicherheit für den Bezirk Erfurt, die gleichzeitig die Bezirksverwaltung des MfS (Ministerium für Staatssicherheit) war.

Das Gebäude wurde 1874/79 als Gerichtsgefängnis erbaut und später als Polizeigefängnis genutzt. Während bis zum Jahr 1952 politische Gefangene in anderen Gefängnissen festgehalten wurden, nutzte man die UHA Erfurt für die Untersuchungshaft politischer Häftlinge.

All das habe ich aber erst später herausgefunden. Damals wusste ich nicht, dass „mein neues Zuhause" im Zentrum von Erfurt, genauer gesagt, in der Andreasstraße, direkt neben dem Erfurter Dom, lag.

Ich wurde in einen kleinen Raum geführt und auf einen Stuhl gesetzt, von dem später mehrere Häftlinge übereinstimmend sagten, er war beängstigend. Es hätte auch der Stuhl für eine Hinrichtung sein können. Bilder von Kopf und Oberkörper wurden gemacht, wie man es aus dem Fernsehen kennt. Von vorne und von beiden Seiten.
Im gleichen Raum wurden die Fingerabdrücke genommen. Genau wie im Krimi. Dies schien mit Bedacht so zu geschehen. Jedem Neuzugang sollte sofort klar werden, „ich bin ein Verbrecher, hier

werde ich in die Verbrecherkartei aufgenommen und ab sofort werde ich auch so behandelt".

Danach ein neuer Raum mit einem Tresen.
Zwei uniformierte Frauen waren in diesem Raum, und sie forderten mich auf, mich komplett zu entkleiden. Es folgte eine Untersuchung, wie sie gründlicher kaum sein kann. Zuerst wurde geschaut, dann getastet und dann wurden alle Körperöffnungen gründlich geprüft ... Eine Wachtel handelte und die zweite schaute zu.

„Wachtel" – ich will sie gleich von Beginn an so nennen, denn ein besseres Wort gibt es im Sprachgebrauch nicht für das weibliche Wachpersonal. Die männlichen Wächter nennt man „Schließer".

Die zweite ging hinter den Tresen und nahm meine private Kleidung entgegen. Sie notierte jedes einzelne Kleidungsstück in einer Liste. Dann übergab sie mir meine Anstaltskleidung: ein schwarzer Trainingsanzug, ein Schlüpfer, ein ausgeleierter BH (er passte sogar, da hatten andere weniger Glück), ein paar dicke Wollsocken und ein paar beige-braun-karierte Stoffpantoletten.

Auch die schwarze Handtasche wurde gründlich inspiziert und der Inhalt fein säuberlich aufgelistet. „All das gehört zu den Effekten und geht in die Effektenkammer", sagte sie mir. (Ein neues Wort in meinem Leben. Laut Wikipedia: bewegliche Besitztümer.)

Ich hatte nichts mehr, was mir gehörte und wurde zum Duschen in einen weiß getäfelten Raum geführt. Das Duschen entspannte und ließ mich wieder klar denken: Ich bin in Haft.

Noch im Duschraum übergab man mir weitere Unterwäsche und Strümpfe, ein Nachthemd sowie Zahncreme, Zahnbürste, Waschlappen und Handtücher.

Danach wurde ich in eine leere Zelle geschlossen.

Diese Zelle bestand aus zwei Doppelstockbetten. Vor den Betten an der rechten Wand war ein kleiner Tisch befestigt, um den herum vier Hocker standen. Über dem Tisch war ein offenes Regal mit zwei Regalböden angebracht. An der linken Wand befand sich ein Waschbecken, darüber ein Wasserhahn und ein Spiegel. Daneben, völlig ungeschützt im Raum stehend, eine Toilette. In der Zellentür befand sich ein Spion, durch welchen ab sofort in regelmäßigen Abständen nach mir geschaut wurde. Würde sie sich ruhig verhalten oder würde sie toben? Wie steht es um ihre Nerven? Ich erkannte sofort, dass der gesamte Raum einsehbar war. Das hieß, *nichts* war vor fremden Blicken geschützt. Auch nicht die Sitzung auf dem Klo.

An der Stirnseite über den Betten war ein Fenster, vergittert und durch versetzt gemauerte Glasbausteine undurchsichtig gemacht. Nur durch die versetzten Steine gelangte Frischluft in den Raum herein. Für Wärme sorgte ein Heizkörper rechts neben der Tür. Die Wände waren mit blaugrauer Ölfarbe gestrichen.
Ich legte mich auf das linke, untere Bett und stellte fest, dass es aus einer dreiteiligen Matratze, einem Bettlaken und einer Bettdecke bestand; aber es war kein Kopfkissen da. Das war ein Problem. Ohne Kopfkissen konnte ich nicht schlafen.

Es war inzwischen später Abend, und ich bekam ein Abendessen. Brot, Margarine und Leberwurst. Daran wurde man vom ersten Tag an gewöhnt. Und dabei blieb es auch. Vielleicht mal etwas andere Wurst und ein saures Gürkchen dazu. Dann war aber auch Schluss mit Lustig.
Von der ersten Stunde an hatte ich mir befohlen zu essen, denn ich musste gesund bleiben, um in guter Verfassung im Westen anzukommen.

Das Essen wurde immer durch eine Klappe in der Tür hereinge-reicht.

Bei der Entgegennahme des Essens fragte ich nach einem Kopf-kissen.

„Es gibt keine Kopfkissen in Untersuchungshaft", wurde mir ge-sagt.

Nun lag ich alleine in dieser Zelle und überdachte meine Situation. War mein Mann auch hier im Haus? War er vielleicht ganz in mei-ner Nähe? Später erfuhr ich, er befand sich in der unteren Etage, wo nur Männer untergebracht waren. Die weiblichen Häftlinge waren in der oberen Etage.

Dieser Gefängniskomplex ist übrigens seit 2012 als Gedenkstätte für die Öffentlichkeit zugänglich. „Meine" obere Etage wurde im Zustand von damals belassen und kann von jedem Interessierten besichtigt werden.

Als ich im Jahr 2015 in Erfurt war und mir das Gebäude in der Andreasstraße anschaute, hat mein Körper sehr emotional auf die-ses Wiedersehen reagiert. Ich bekam Atemnot und hatte Angst, ich würde ohnmächtig werden. Ich musste ganz schnell das Gebäude verlassen.

Bei einem weiteren Besuch (ein Jahr später, von zwei Freundinnen begleitet) war ich mental mehr auf diese Besichtigung vorbereitet. Zusammen mit einer Gruppe Touristen wurden wir von einer jun-gen Studentin durch die Zellen und Gänge geführt. Ich hörte ihr geraume Zeit zu. All das, was sie ausführte und erklärte, stimmte mit meinen Erfahrungen überein. Plötzlich sagte eine Dame aus der Touristengruppe sehr ergriffen: „Dass man das überleben konnte."

Da platzte es aus mir heraus: „Ich habe es überlebt." Aller Augen waren auf mich gerichtet.

„Mit einem starken Willen kann der Mensch sehr viel ertragen", sagte ich. Ich bestätigte, dass alle bisherigen Erläuterungen der Wirklichkeit entsprachen, dann versagte meine Stimme erneut, und ich musste das Gebäude wieder vorzeitig verlassen.

Wo sind meine Kinder, und wie geht es ihnen, fragte ich mich besorgt.

Das Licht wurde die ganze Nacht hindurch an- und ausgeschaltet, um durch den Spion nach mir zu schauen. Und trotzdem schlief ich in dieser Nacht, unruhig zwar, aber ich schlief. Es war einfach zu viel geschehen. Ich war erschöpft.

Am nächsten Morgen weckte man mich recht früh durch das Öffnen der Klappe. Es gab Frühstück und mir wurde gesagt: „Fertigmachen, Sie werden gleich abgeholt."

Was bedeutete das?

Waschen mit eiskaltem Wasser. Machte wach und stärkte das Immunsystem. War aber grausam.

Frühstücken mit Holzbrettchen und Plastiklöffel (denn Messer gab es während der gesamten Untersuchungshaft nicht). Brot, Margarine und Marmelade, dazu Malzkaffee. Machte satt. War aber auch grausam.

Die Zellentür wurde aufgeschlossen. „Raustreten!", hieß es. „Gehen Sie voran!" Bekleidet mit dem schwarzen Trainingsanzug und den karierten Pantoffeln wurde ich von einem Stasi-Mann in Uniform einen langen Gang entlang dirigiert, vorbei an mindestens fünf oder sechs Zellentüren auf beiden Seiten. Danach eine Treppe nach oben.

In einem sparsam möblierten Raum – bestehend aus einem Tisch, einem Stuhl, einem Hocker und zwei Schränken – wartete mein „Vernehmer" auf mich. Ein junger Mann, ca. 30 Jahre alt, zivil gekleidet, hübsch, gepflegt und sympathisch – aber bei der Staats-sicherheit.

Er saß auf einem Stuhl, mit dem Rücken zum Fenster, welches durch Milchglas undurchsichtig gemacht und von außen vergittert war. Vor ihm ein Schreibtisch.

Er begrüßte mich freundlich und deutete an, ich möge auf dem da-vor stehenden Hocker Platz nehmen. Dieser Hocker war fest im Boden verankert, das bedeutete, man konnte ihn nicht bewegen. Vermutlich, damit er nicht als Waffe benutzt werden konnte.

Eine Schreibmaschine stand vor ihm.

Er nannte kurz den Sachverhalt: Festgenommen am 19.7. in Va-radia, Rumänien, ... von den dortigen Behörden ... Versuch, die DDR illegal zu verlassen ... um in der BRD ...

Und dann begann er zu fragen. Fragen, Fragen, Fragen. Diese erste Befragung dauerte acht Stunden. Der Häftling sollte sofort zu Beginn mürbe gemacht werden. Er wollte die Tatplanung, den Tathergang und die Festnahme genauestens beschrieben haben. Das konnte er haben. Wir hatten zum Glück keine Variante, wel-che Lügen oder Abweichungen benötigte, um eventuell jemand zu schützen. Nur wir waren beteiligt. Und genau wie wir sie beschrie-ben, war die Flucht geplant und verlaufen. Wir nannten auch den Namen unseres Helfers aus dem Westen. Dieser war sich von An-fang an bewusst, wenn die Flucht geklappt hätte, hätte er nicht wieder einreisen dürfen und wenn nicht, dann auch nicht.

Die drei Mitwisser erwähnten wir natürlich nicht.

Mein Mann wurde zur gleichen Zeit vernommen.

Ich nehme an dieser Stelle etwas vorweg. Am Ende aller Verhöre bzw. Vernehmungen, kurz vor unserer Gerichtsverhandlung, wurde uns gesagt: „Ihre Aussagen waren sehr übereinstimmend.

Entweder haben Sie beide die Wahrheit gesagt, oder Sie haben perfekt gelogen."

Der erste Tag war lang und anstrengend, doch es tat gut, sich alles von der Seele zu reden. Gleich von Beginn an war ich offen und sagte Dinge, die ich in Freiheit nicht gewagt hätte zu sagen. Ich prangerte das DDR-System global an, mit allen Missständen, die mir einfielen.

Und immer wieder trug ich vor, dass unsere Flucht in erster Linie für die Zukunft unserer Kinder sein sollte.

Noch ein Gedanke vorweg: Ich glaube, zielgerichtete Redner hatten mehr Erfolg, als Zweifler. So kam die Stasi schneller zum Urteil: hoffnungsloser Fall. Und man versuchte nicht stunden- und tagelang, die Wende im Denken und Handeln herbeizuführen.

Alles von mir Gesagte wurde von ihm komprimiert und zeitraubend mithilfe der Schreibmaschine zu Papier gebracht. Am Ende des Tages durfte ich ca. 10 Blatt Papier durchlesen und durch meine Unterschrift auf jedem einzelnen Blatt bestätigen.

Dieses Vorgehen war dann tägliches Ritual. Der Vernehmer stellte Fragen, und ich antwortete ihm. Er brachte das Gesagte in gekürzter Form zu Papier, und am Ende der Vernehmung las ich das Protokoll des Tages durch und bestätigte die Richtigkeit durch meine Unterschriften auf jeder einzelnen Seite. Ich war großzügig bei der Akzeptanz seiner Formulierungen.

Schon immer hatte ich den Wunsch, diese selbst erlebte Geschichte niederzuschreiben. Der Neustart und der Aufbau unseres neuen Lebens in Westdeutschland haben es jedoch erst jetzt zugelassen. Der Titel „Das Jahr der tausend Unterschriften" schwebte lange Zeit in meinem Kopf herum. Allerdings hätte dieser Titel falsche Assoziationen wecken und in die Irre führen können.

Zurück in der Zelle, hieß es: Sachen packen.

Die Nachbarzelle wurde aufgeschlossen, und ich wurde zu zwei anderen Frauen verlegt. Ich empfand das sofort als ganz großes Glück. Ich war unter Menschen, nicht mehr allein, obwohl ich nur eine Nacht alleine war. Andere Häftlinge hatten wochen- oder monatelang allein verbringen müssen. Wohl schon damals brauchte man Platz in der Untersuchungshaftanstalt Erfurt.

Die Tür schloss sich hinter mir, der Riegel wurde vorgeschoben, die Schlüssel drehten sich, und die beiden Frauen empfingen mich freundlich und hilfsbereit. Sie erklärten mir, dass ich eins der beiden oberen Betten belegen könnte. Sie zeigten mir, wo ich meine wenigen Habseligkeiten ablegen durfte. Ich erfuhr, wann hier Nachtruhe war, und dass ich mich nicht auf das Bett legen durfte. „Das durfte ich doch aber gestern", sagte ich. „Da hast du aber Glück gehabt, sicher weil es dein erster Tag war. Denn sonst dürfen wir das nur zur Nachtruhe."

Schnell hatten wir ausgetauscht, warum wir hier waren. Alle drei wollten wir nur eins – in den freien Teil Deutschlands.

Wir setzten uns um den Tisch herum und sprachen miteinander von Anfang an mit großer Offenheit, aber mit gedämpften Stimmen.

Es herrschte keine Skepsis. Ich kannte keine Vorsicht. Schließlich erzählte ich ja die Wahrheit.

Auch hier sei gesagt, Bespitzelungen und Verrat waren in der Haft an der Tagesordnung. Keine traute der anderen. Aber wir drei hatten uns gesucht und gefunden.

Uschi wollte mit ihrem Mann von Ungarn nach Österreich fliehen. Sie waren in Ungarn im Urlaub und schauten sich in diesem Jahr nur informativ an der Grenze um. Sie hatten keinerlei Vorkehrungen getroffen, hatten nichts dabei. Keine Unterlagen, keine Zeugnisse oder sonstige Papiere. Sie gingen in einem grenznahen Wald spazieren. Da begegnete ihnen ein Mann und unterhielt sich einige Zeit mit ihnen. Er fragte sie, woher sie kamen und dies und jenes. Als sie weitergingen, sahen sie, wie eben dieser Mann an einem Baum telefonierte. Sie dachten sich nichts Böses. Doch dann kam ein Lastwagen mit bewaffneten Soldaten und Hunden und nahm sie beide fest. Beim Aufsteigen auf den Wagen, rief ihr Mann ihr zu: „Wir leugnen nicht. Wir sagen, wir wollten fliehen, alles andere wäre Unsinn." Erst langsam verstand sie, dass er recht hatte. Wenn man einmal in den Fängen der Staatssicherheit war, hatte man seinen Lebenslauf schwer beschädigt.

Und genau das war die Basis der Geschichte von Ilse, meiner zweiten Zellengenossin. Sie und ihr Mann wurden bei dem Versuch, von der Tschechoslowakei nach Bayern zu flüchten, gefasst. Dieser Versuch zu fliehen, war das Finale eines langen Leidensweges. Ihr Mann hatte als junger, unverheirateter Mann eine Flucht gewagt, ohne Erfolg. Nach dem Strafvollzug wurde er wieder in die DDR entlassen, und damit begann für ihn ein sozialer Abstieg. Er wurde beruflich gemobbt und fegte zuletzt bei der Kirche den Hof. Um das nicht länger ertragen zu müssen, wurden die beiden in einem relativ hohen Alter von 45 Jahren noch zu Republikflüchtlingen.

Nach dem Abendessen wuschen wir uns mit eiskaltem Wasser, und als dann endlich die Nachtruhe ausgerufen wurde und wir auf den Betten liegen durften, ging unsere Unterhaltung leise weiter. Wir hatten uns so viel zu erzählen …

Am nächsten Tag wurden mein Mann und ich dem Haftrichter vorgeführt. Getrennt natürlich. Vermutlich dadurch, dass bei den ersten Vernehmungen nichts unklar blieb und nichts abgestritten wurde, konnte die Anklage schnell erstellt werden und es wurde sinngemäß Folgendes verlesen:

„Sie werden angeklagt wegen ungesetzlichen Grenzübertritts. Der entsprechende Paragraph des Strafgesetzbuches der DDR hierfür lautet § 213. Es wurde ein Haftbefehl ausgestellt."

Danach wieder Vernehmung, nur kurz unterbrochen durch das Mittagessen. Die Flucht noch einmal in Kurzform. Dann begannen wir unsere Kindheit zu beleuchten. Das Elternhaus, die Geschwister, die Verwandten, die Freunde. Alle Kontakte wurden im Laufe der vielen Vernehmungen, die noch vor mir und mein Mann lagen, analysiert. Immer in der Hoffnung, noch Mitwisser zu entlarven.

Stets vernahm mich der gleiche junge Mann. Er wollte Vertrauen aufbauen, was teilweise auch gelang. Ich wagte mich ihm gegenüber verbal immer mehr aufs Glatteis. Mitunter hatte ich das Gefühl, er verstand mich.

Unten sagte ich zu meinen Zellengenossinnen: „Wenn er nicht so rot wäre, man könnte ihn mit in den Westen nehmen ..." Wir lachten herzlich darüber.

Auch mein Mann wurde von ihm vernommen. Das erkannte man schnell im Laufe der Unterhaltung. Ihm stellte er die gleichen Fragen und versuchte, unser bisheriges Leben zu durchleuchten. Allerdings lieferte er sich mit meinem Mann manches Wortgefecht. Sie analysierten zusätzlich die große Weltpolitik.

Eines Tages erzählte er meinem Mann, dass er sich beeilen müsse, da er nachmittags zu einem wichtigen Fußballspiel in den Westen fahren würde. Das setzte mit Sicherheit einen hohen Dienstgrad voraus.

Der dritte Tag brachte zwei Überraschungen.
Erstens: eine halbe Stunde Freigang im Hof. Das hieß, nach der Morgenwäsche, dem Frühstück und dem Säubern der Zelle, wurden wir zu dritt nach unten in den Freihof gebracht. Dieser

bestand aus zwei quadratischen Boxen ca. 4 m lang und 5 m breit. Die Wände waren 4 m hoch, gemauert und mit Zement verputzt. Über diesen „Tigerkäfigen" waren Netze gespannt und über allem thronte ein Wachturm mit bewaffnetem Personal. Man beobachtete uns. Aber was sollte hier schon geschehen? Wir warfen die Köpfe in den Nacken, erfreuten uns am Bild des Himmels und hofften, ein paar Sonnenstrahlen einzufangen. Wir liefen im Kreis und machten Kniebeuge. Bei diesen Rundgängen herrschte oft trübe Stimmung, denn hier wurde uns sehr bewusst, wo wir waren. Von zwei Seiten war der Freihof mit Gebäuden umrandet. Eine Seite bildete die Zellen mit den Gefangenen und die zweite Seite die Verwaltung der Staatssicherheit. Da diese Fenster nur zu zwei Dritteln undurchschaubar waren, hatten wir oft das Gefühl, von dort beobachtet zu werden.

Bei schlechtem Wetter, Personalmangel, oder wenn man gerade beim Verhör war, fiel der Freigang aus.

Unsere Männer waren mutig und riefen Namen und Durchhalteparolen aus den Fenstern ihrer Zellen. Auch mein Mann rief meinen Namen und die Frage „Wie geht es dir?" Voller Freude rief ich „Es geht mir gut" zurück.

Das bedeutete normalerweise sofortigen Abbruch der Freiluftschnupperstunde. Dies hatte ich jedoch nicht erleben müssen. Meistens wurde nur mit Abbruch gedroht. Auch die Männer von Uschi und Ilse machten sich von Zeit zu Zeit bemerkbar. Nach solchen kurzen Lebenszeichen waren wir immer sehr glücklich und gingen erfreut in unsere Zelle zurück.

Diese Rufe bekamen die Wachhabenden nicht in den Griff. Täglich rief irgendwer irgendwem etwas zu. Abends wurde noch mutiger, lauter und kräftiger gerufen.

Die zweite Überraschung des Tages war wunderbar und grausam zugleich: Zu Beginn der neuerlichen Vernehmung legte mir mein

Vernehmer ein Bild meiner beiden Kinder vor.

„Das dürfen Sie während jeder Vernehmung behalten, danach bekomme ich es zurück."

Dieses Bild wurde wohl bei der Durchsuchung unserer Wohnung mitgenommen. Das Ziel war klar: die Mama destabilisieren. Den Mutterinstinkt wecken. Die Sehnsuchtsfalle aufstellen. Und genau das erreichten sie auch bei mir. Mir schossen Tränen in die Augen. Ich sah meine Söhne dastehen, klein, sauber, ehrlich und hilflos.

Jedoch durchschaute ich die Taktik. Ich nahm das Bild gerne in mir auf, es sollte mich aber nicht emotional so tangieren, dass ich alles umwarf und nach Hause wollte.

Die Fragen zu meinem bzw. unserem Leben nahmen kein Ende. Er fragte wirklich nach allem. Der Job konnte einen ganzen Tag lang Thema sein.

Am nächsten Tag wollte er wissen, wo wir bereits im Urlaub gewesen waren und wann wir wie unsere Freizeit verbrachten.

Alle Verwandten und die Freunde aufzuzählen, nahm Tage in Anspruch, denn wir hatten viele und nannten alle mit Namen und Anschrift. Durch die Erfassung all dieser Daten hatte er reichlich Arbeit. Er wirkte strapaziert. Später lachten mein Mann und ich darüber. Wir hatten beide die gleiche Taktik angewandt.

Dass unsere Flucht ein letzter Ausweg war, wollte er nicht akzeptieren.

„Wie Sie Ihr Leben beschreiben, ging es Ihnen doch sehr gut."

Ich erzählte ihm wiederholt, dass uns die Reisefreiheit fehlte und wir auf Reisen mitunter diskriminiert wurden. Ich erzählte ihm die nachfolgende Geschichte:

Wir fuhren mit Freunden nach Ungarn in den Urlaub. Die beiden kannten einen jungen Ungarn, welcher als Kellner in Erfurt gearbeitet hatte. Dieser Kellner beherbergte die Freunde, und für uns hatte er in einer Privatunterkunft Zimmer reserviert. Als wir in Siofok am Plattensee ankamen, unsere Unterkunft gefunden hatten und unsere Zimmer beziehen wollten, fragte man uns, ob wir aus Westdeutschland seien? Wir konnten nur verneinen. Da hatte man kein Zimmer für uns … Es nahm uns den Boden unter den Füßen weg. Wir standen mit unseren zwei kleinen Kindern ohne Unterkunft da. Der Vermieter hatte Mitleid und gab uns eine klitzekleine Kammer im Keller seines Hauses, in welcher wir dann 14 Nächte lang mit vier Personen schliefen.

Ein Erlebnis das mit zu unserer Entscheidung, die DDR zu verlassen, beigetragen hatte.

Ich empfand die Vernehmungen nie unangenehm. Sie brachten mich unserem Ziel näher. So vergingen die Tage und Wochen schneller. Der Abstand der einzelnen Vernehmungen wurde größer. Langsam wusste man anscheinend genug von uns.

Immer wenn ein „Läufer" einen Häftling aus der Zelle holte, dirigierte er diesen mit Worten durch die Flure, Gänge und Treppen. An den Wänden waren Lampen angebracht. Wenn diese grün leuchteten, dann konnte man gehen. Wenn aber eine solche Lampe die Farbe wechselte und rot leuchtete, dann erklang sofort in schrillem Ton: „Halt stehen bleiben, mit dem Gesicht zur Wand!" Am Anfang erschrak man, doch dann wusste man, es kam einem nur jemand entgegen, sei es ein anderer Häftling mit Begleitung oder nur ein Mitarbeiter der Stasi. Andere Häftlinge sollte man nicht sehen, und die Mitarbeiter der Staatssicherheit wollten auf keinen Fall gesehen oder gar erkannt werden. Aus diesem Grunde wurde auch tunlichst vermieden Namen zu nennen.

Dieser Vorgehensweise kann man entnehmen, sie hatten schon immer kein reines Gewissen.

In der Zelle hatten wir uns eingelebt.

Ich konnte anfangs nicht auf die Toilette. Meine Uschi, im wahren Leben Biologin, machte mir Mut „Da ist doch nichts dabei. Man gewöhnt sich an alles. Ich habe im Job Stuhluntersuchungen gemacht und nebenbei gefrühstückt." Diese Aussage half mir. Ich konnte nun fast immer, ohne Scheu und ohne Hilfsmittel.

Wir drei sprachen sehr ausführlich über unser Leben, unsere Familien, unsere Ehepartner, meine Kinder (denn nur ich hatte welche), über Politik, über Mode, über Sport, über den Westen, über Urlaub, und, und, und … Darüber hinaus erzählten wir uns Geschichten, die uns gefielen und ganze Filme, die uns beeindruckt hatten.

Es gab pro Woche ein Buch für jede von uns und wir lasen alles, obwohl es Literatur war, die uns nicht sehr fesselte.

Nur an ein gutes Buch kann ich mich erinnern. „Die Buddenbrooks" von Thomas Mann. Die meisten Bücher hatten den Sozialismus oder die Sowjetunion zum Inhalt. In vielen Büchern waren Sätze unterstrichen, die Zweideutigkeiten zuließen.

Wöchentlich gab es die Möglichkeit für ca. 10 bis 15 Ost-Mark einzukaufen. Das bedeutete, eine Liste wurde in die Zelle gereicht und man musste zügig ankreuzen, was man haben wollte. Dann wurde die Liste wieder abgeholt. Auch hier wurde willkürlich entschieden, wer wie viel ausgeben durfte. Und das, obwohl es unser eigenes Geld war, welches wir bei der Verhaftung noch bei uns trugen. Wir orderten Bonbons, eine Tafel Schokolade, ein paar Äpfel und zwei Schachteln Zigaretten. Außerdem Zahncreme, Hautcreme und Milchpulver. Geliefert wurde stets am Ende der Woche. Milchpulver, das war der Ratschlag unserer Biologin. „Das braucht unser Körper"; und so hatten wir fast jeden Nachmittag ein wunderschönes Ritual. Wir saßen zusammen und löffelten mit

Hochgenuss ein, zwei oder drei Löffel Trockenmilchpulver. Der Höhepunkt des Tages.

Wir ließen uns Spiele geben („Halma", „Mühle" und „Mensch ärgere dich nicht") und schlugen damit manches Stündlein tot. Ich lag nachts in meinem Hochbett und sah nur noch Halmasteine kreisen.

Wir begannen Sport zu treiben. Es war zwar eng, aber wenn wir uns abwechselten, war zwischen den Betten und davor einiges machbar. Das Ziel hieß: Fit bleiben für den Westen.

So schaffte ich an manchen Tagen 250 Kniebeugen.

Gemeinsam sangen wir alle Lieder, die wir kannten. Von Schlager, über Volkslieder, Kinderlieder bis zu aktuellen Songs. Wir dichteten sogar ein Lied selbst. Zu der Melodie von Margot Werners Hit „So ein Mann, so ein Mann, zieht mich unwahrscheinlich an", sangen wir „So ein Scheiß, so ein Scheiß, alles nur, weil ich gern reis" (von reisen). Dieses Lied hatte mehrere Strophen. Es zu dichten machte uns großen Spaß, und wir sangen es immer wieder voller Freude.

Einmal wurde die Zellentür aufgeschlossen und Karoline kam wütend herein. Karoline war der „Künstlername" für eine der Schließerinnen. Jede bekam von uns einen eigenen Namen. So konnten wir sie unterscheiden. Es gab noch Erna, Frieda und Olga.

Sie schrie wütend: „Ruhe! Ihnen wird das Lachen noch vergehen", und verließ uns wieder.

Es gab jedoch auch schrecklich trübe Stunden in dieser Gemeinschaft. Je nachdem, welche Stimmung herrschte, welche Botschaft uns erreicht hatte, welche Erinnerungen aufgebrochen wurden. Dann munterten wir uns gegenseitig auf.

Ich bekam zweimal Besuch von meinen Eltern und zweimal von

meinen Schwiegereltern. Diese Besuche waren schön und deprimierend zugleich. Sie erzählten von den Kindern.

Man will es hören, aber es tut weh, es nur zu hören und nicht zu erleben.

Die Verhöre fanden abwechselnd statt. Wenn eine von uns zum Verhör war und wieder zurück in die Zelle kam, dann werteten wir es aus.

Die beiden klärten mich auf, dass Rechtsanwalt Dr. Wolfgang Vogel aus Ost-Berlin *der Mann* ist, der dafür sorgt, dass wir in den Westen kommen. Die beiden wussten außerdem, dass das Frauengefängnis Hoheneck die beste Plattform für den Absprung in den Westen sei.

An dieser Stelle sei erwähnt, warum Dr. Wolfgang Vogel als der Mann bezeichnet wurde. Er verhandelte im Auftrag der Regierung der DDR mit der Regierung der BRD den Freikauf von Häftlingen. Sein Werdegang: Im Jahr 1961 gelang es ihm, den ersten Agentenhandel des Kalten Krieges zu organisieren. Bei diesem Agentenaustausch wurde im Februar 1962 auf der Glienicker Brücke in Potsdam der über der Sowjetunion abgeschossene US-Spionagepilot Francis Gary Powers gegen den enttarnten KGB-Oberst Rudolf Abel ausgetauscht. Danach begann seine beispiellose Karriere. Bis zum Fall der Berliner Mauer war er an der Freilassung von 150 Agenten aus 23 Ländern beteiligt. Zu den Freigelassenen zählte unter anderem Günter Guillaume, Spion bei Bundeskanzler Willy Brandt. Daneben wurde Wolfgang Vogel zur zentralen Figur beim Häftlingsfreikauf. Er war ab den 1970er-Jahren offiziell Beauftragter des DDR Staatsratsvorsitzenden Erich Honeckers, arbeitete eng mit den Bundesregierungen unter Willy Brandt, Helmut Schmidt und Helmut Kohl zusammen, ebenso mit christlichen

Kirchen in der Bundesrepublik sowie vor allem mit dem damaligen SPD-Fraktionsvorsitzenden Herbert Wehner. „Es ist ein Kunststück gewesen sowohl das Vertrauen der Westdeutschen zu gewinnen als auch das Vertrauen der Kommunisten nicht zu verlieren", sagte Helmut Schmidt einmal über Wolfgang Vogel.

Beim nächsten Verhör fragte ich, wie und wann wir einen Anwalt sprechen könnten. „Darum kümmert sich Ihr Mann", war die Antwort.

„Ich höre nichts und sehe nichts von meinem Mann, wie geht es ihm?"

„Darauf darf ich Ihnen keine Antwort geben."

„Dann sage ich heute kein Wort mehr, bevor Sie mir nicht sagen, wie es ihm geht"

„Was soll ich sagen? Ihr Mann sitzt vor mir und schwärmt von den Alpen, dabei hat er die Karpaten noch nicht gesehen."

Diese Aussage war aufschlussreich – nun wusste ich, es geht ihm gut.

Einmal sagte mein Vernehmer mir die Zukunft voraus: „Sie und Ihr Mann werden arbeits- und obdachlos sein und ihre Kinder drogensüchtig. Das, nur das, erwartet sie in der BRD."

Ein anderes Mal hatte er einen weiteren (uniformierten) Mitarbeiter der Staatssicherheit dabei, und dieser eröffnete mir: „Gegen Sie wurde das Verfahren erweitert. Zusätzlich zum § 213 (Republikflucht) wird Ihnen ein Verstoß gegen § 17 des Devisengesetzes der Deutschen Demokratischen Republik vorgeworfen."

Es ging um meinen Schmuck, den ich während der Flucht bei mir trug. Er wurde von einem Erfurter Juwelier vorsichtig auf 1.800 Ost-Mark geschätzt.

„Er wurde nicht auf der zum Urlaubsvisum gehörenden Zoll- und Devisenerklärung aufgeführt", hieß es wörtlich und später auch im Urteil.

Ich war überrascht, doch nachdem ich die Begründung erfahren hatte, musste ich lachen. Wiederholt hörte ich „Ihnen wird das Lachen noch vergehen."

Dieser Schmuck wurde übrigens (bis auf unsere Eheringe) einbehalten.

Ich las in unserem Antrag auf Rehabilitierung vom 28.3.1991: „Im Rahmen der Verurteilung wurde die komplette Campingausrüstung und darüber hinaus, nach § 17 des Devisengesetzes der DDR, noch folgende Gegenstände eingezogen:
3 Paar Ohrringe, 3 Paar Ohrstecker, 5 Ringe, 4 Ketten, 1 Gliederarmband und 3 Paar Manschettenknöpfe.

Inzwischen gab es einen Alltag in der Zelle.

Wecken, waschen, frühstücken, Zelle säubern, Verhöre, Freihof, Mittagessen, wieder Verhöre (eine von uns war meistens dran). Dazwischen machten wir immer wieder Sport und lasen alle Bücher, die wir bekommen konnten. Ab und an reichte man uns sogar eine Zeitung in die Zelle. Das „Neue Deutschland" war dann bereits zensiert und bearbeitet, das heißt, es waren Zeilen geschwärzt und ganze Texte ausgeschnitten.

„Halma", „Mühle" und „Mensch ärgere dich nicht" spielen, Trockenmilchpulver genießen und ein nimmer endender Gedankenaustausch – dann war wieder ein Tag geschafft.

Wir hatten keine Möglichkeit, etwas niederzuschreiben. Es gab weder Papier noch Stifte. Wenn wir einen Brief schreiben durften, was pro Monat zweimal erlaubt war, reichte man uns eigens dafür ein Blatt Papier und einen Kugelschreiber herein.

Besuchstermine brachten Abwechslung. Man wurde in ein Nachbargebäude zum „Sprecher" geführt. Dort war dann ein Tisch mit zwei Stühlen dafür vorgesehen, dass sich Häftling und Besucher gegenüber sitzen konnten. Man konnte sich aber nicht berühren, weder mit den Händen noch mit den Füßen. Glastrennwände gab es nicht. So modern waren sie damals noch nicht. Zwei Bewacher (männlich oder weiblich, beides war möglich) wohnten dem Gespräch bei und unterbrachen sofort, wenn ihnen etwas nicht zusagte. Über die Haftbedingungen, den Tathergang oder den noch immer fehlenden Anwalt durfte kein Wort gesprochen werden.

Meine Eltern waren bei jedem Besuch von Besorgnis getrieben. Meine Schwiegermutter ebenfalls, aber sie brachte auch frischen Wind mit. Sie erzählte ausführlich von den Kindern und von diversen Ereignissen aus unserem Dorf. Neues aus dem Bekannten- und Verwandtenkreis wusste sie stets zu berichten.
Plötzlich fragte sie: „Was wird eigentlich mit unserem Auto?"

Spätestens hier muss erwähnt werden, jedes zur Flucht benutzte Fahrzeug wurde automatisch einbehalten bzw. konfisziert.
Ich konnte leider nur die Schultern heben. Wir hatten es in Rumänien stehen lassen, und wo es sich jetzt befand, wussten wir nicht.
Da sagte sie laut und deutlich an das Wachpersonal gerichtet: „Das eine will ich Ihnen sagen, wir haben von der ganzen Sache nichts gewusst, und wenn wir unseren Wartburg nicht zurück bekommen, dann liegt unser Ausreiseantrag auch auf Ihrem Tisch"
Das Fahrzeug wurde ihnen nicht genommen. Es wurde ihnen wieder ausgehändigt. Wenn ich diese Tatsache später in Hoheneck erwähnte, wollte man mir nicht glauben oder ich wurde sehr skeptisch beäugt.

Bei einem weiteren Besuch, in gleicher Situation, wie oben beschrieben, machte sie zuerst ihrem Ärger über die schreckliche Bahnfahrt Luft. „Der Zug war verspätet und kalt. Die können doch das Buch zumachen, wenn sie wollen." Hieß im Klartext, die DDR oder die Bahn oder beide, waren aus ihrer Sicht am Ende.

Dann erzählte ich ihr, dass gegen mich das Verfahren erweitert wurde.

Als sie hörte, dass mein Schmuck die Ursache war und dieser konfisziert wurde, sagte sie ganz kess: „Na, die müssen ja auch mal wieder was in die Geschäfte legen." Ihr geschah aber nichts.

Später im Gefängnis ließ ich mir mitunter die Karten legen. Das war neben Pendeln und Wahrsagen eine beliebte Freizeitbeschäftigung mancher Häftlinge. Meine Karten lagen auf dem Tisch, und man sagte mir: „Deine Schwiegermutter und die Behörden – da passt was nicht ..."

Jeden Freitagnachmittag durften wir (Zelle für Zelle) duschen. Mit warmem Wasser!

Im schönsten Erfurter Dialekt erklang lautstark der Ruf: „Baaade geeehn!" durch die Flure. Am Ende unseres Flures rechts, lag ein weiß gekachelter Raum. Er war ca. 16 Quadratmeter groß und darin befanden sich mehrere Duschen und Waschbecken. Wir drei gingen gemeinsam hinein, ließen alle Hüllen fallen und waren so lange wie möglich „Warmduscher".

Die getragene Kleidung wurde von einer Wachtel entgegengenommen und gegen neue eingetauscht.

Duschen, Maniküre, Pediküre und alles, was so nötig war, wurde erledigt. Das Ganze dauert ca. eine halbe Stunde, dann war die Freude vorbei.

Ein zusätzliches Vergnügen am „Baaade gehn" bestand darin, dass man durch das Fenster im Duschraum den Himmel und Bäume sehen konnte.

Eines Tages wurde ich in ein mir bisher unbekanntes Zimmer gebracht. Es erschien ein hoch dekorierter Uniformträger. Er setzte sich mir gegenüber und sagte vollmundig: „Heute werde ich ein Wunder mit Ihnen vollbringen."

Für mich wurde eine Tasse Bohnenkaffee und ein Stück Buttercremetorte gebracht. Ein Alarmglöckchen in meinem Kopf läutete leise, aber mein Kleinhirn sagte, iss erst mal die Torte und trinke den guten Bohnenkaffee.

Der Herr begann seine Ausführungen ein wenig ausschweifend, kam dann aber auf den Punkt.

„Alle würden Sie gerne zurückhaben. Ihre Kinder, Ihre Eltern, Ihre Schwiegereltern, Ihr Arbeitgeber und Ihre Kollegen. Auch Ihr Mann möchte gerne zurück, es liegt nur noch an Ihnen, die Entscheidung zu treffen, in Ihr altes Leben zurückzukehren."

Ich überlegte kurz.

Den Kaffee hatte ich getrunken, den Kuchen gegessen …

Mir fielen die Worte meines Mannes in Bukarest wieder ein: „Sie werden versuchen, einen Keil zwischen uns zu treiben. Glaube ihnen nicht."

Ich richtete mich auf und sagte wörtlich: „Solange ich alle meine Sinne zusammen habe, werden Sie aus meinem Munde nicht hören, dass ich wieder in die DDR zurück möchte."

Er drückte auf einen Knopf, welcher einen „Läufer" herbeirief. Ich wurde zurück in die Zelle gebracht.

Ilse hatte Verhandlung.

Ihr Urteil lautete 1 Jahr und 8 Monate.

Uschi hatte Verhandlung.

Ihr Urteil lautete 3 Jahre und 8 Monate.

An diesen beiden Urteilen erkannte man bereits die Willkür der DDR-Justiz. Bei Uschi kam der Umstand, dass ihr Mann promovierter Biologe war, erschwerend hinzu. Obwohl sie viel weniger „Tat" vorzuweisen hatte. Man sagte ihnen, dass sie undankbare Bürger seien, wo sie doch beide so eine gute Ausbildung in diesem Lande genossen hätten.

Allerdings trug ihr Mann vielleicht auch Schuld an ein paar Tagen, Wochen oder Monaten mehr in diesem Urteil. Er hatte den Mut, auf die Frage, warum sie beide denn keine Kinder hätten, zu antworten: „Ich sehe es als ein Verbrechen an, in diesem Staat Kinder zu zeugen."

Inzwischen war es Oktober.
Am 7. Oktober, dem Nationalfeiertag der DDR (Gründung 7.10.1949) gab es Schnitzel. Davor und danach hatte ich nie ein Schnitzel in der Haft gesehen.

Noch immer war kein Rechtsanwalt oder Verteidiger mein Gesprächspartner. Immer wieder hieß es: „Daran ist Ihr Mann schuld. Wir hatten ihm einen Anwalt genannt, den wollte er nicht." Mit dieser Aussage konnte ich Gott sei Dank etwas anfangen. Es war eben nicht der Anwalt, den wir brauchten.

Später erzählte mir mein Mann, was er alles unternommen hatte, bis er und ich, eine Woche vor unserer Verhandlung, endlich einem Anwalt gegenüber saßen. Es wurden ihm tatsächlich mehrere Anwälte empfohlen, da aber auch ihn das Wissen erreicht hatte, nur bestimmte Personen können bei dem Wunsch in den Westen zu gelangen, hilfreich sein, hatte er sich geweigert, diese Vorschläge anzunehmen. Immer wieder hatte er darauf beharrt, den Herrn Rechtsanwalt Dr. Wolfgang Vogel aus Ost-Berlin oder einen Vertreter seiner Kanzlei als Verteidiger haben zu wollen.
Aus uns vorliegendem Schriftverkehr kann man entnehmen, dass bereits am 20.8.1981, also drei Wochen nach unserer Verhaftung, Rechtsanwalt Wolf-Egbert Näumann aus West-Berlin, unserem Onkel Erich in Kassel schriftlich seine Hilfe zugesagt hatte. Diese Kanzlei arbeitete mit dem Büro des Dr. Vogel zusammen.

Unser Anwalt bzw. Verteidiger war dann Rechtsanwalt Meinhard Kunsch aus Erfurt, der jedoch zu unserer Verhandlung nicht selbst anwesend sein konnte, aus welchen Gründen auch immer. Er schickte seinen Vertreter, Herrn Rechtanwalt Uth aus Eisenach.

Der Herr Rechtsanwalt Kunsch war nur ein einziges Mal bei uns in der Untersuchungshaftanstalt, ca. eine Woche vor der Verhandlung. Er ließ sich die „Tat" beschreiben. Durch Mimik und Gestik signalisierte er, leise zu sprechen, da wir vielleicht belauscht würden, und kam dann sehr schnell zu dem Ergebnis: „Wenn das Urteil unter zwei Jahre Haft lautet, sind wir zufrieden und werden keine Berufung einlegen. Sie haben aber eine sehr hohe Verwirklichung der Tat erreicht. Daher bleibt es spannend."

Am 20.11.1981, also fünf Wochen nach unserer Verhandlung schrieb die Kanzlei Kunsch aus Erfurt meinen Schwiegereltern: „Künftig wird sich das Anwaltsbüro Dr. Vogel in Ost-Berlin um Ihren Sohn und Ihre Schwiegertochter kümmern."

Im Namen des Volkes

Uns wurde ein Termin bekanntgegeben:
„Am Freitag, den 16.10.1981, findet vor dem Kreisgericht Eisenach Ihre Verhandlung statt."

An diesem Tag wurden mein Mann und ich in einem Transporter nach Eisenach gebracht.
Ich wurde darin schon einmal innerhalb Erfurts zu einer Gynäkologin transportiert. Meine Regel blieb vom Tag der Festnahme an aus. Die Untersuchung ergab „... das kann unter psychischer

Belastung schon mal vorkommen. Das bedarf keiner weiteren Behandlung."
Erst nach der Ankunft im Westen war alles wieder gut.

Diese Transporter, auch „Minna" genannt, sahen von außen ganz normal aus. Sie konnten sogar eine irreführende Beschriftung, wie „VEB Blume und Freude" tragen, waren aber innen in mehrere abschließbare Einzelzellen unterteilt, in denen man nur sehr beengt saß. Knie und Kopf stießen während der Fahrt an die verschlossene Tür, und jede Kurve und jedes Schlagloch spürte man schmerzhaft. Es war dunkel, man sah die Hand vor Augen nicht.
Ich wusste nicht, ob mein Mann mit im Wagen war. Da hörte ich ihn husten und räuspern. Auch ich hustete und räusperte mich.
Sprechen war verboten.

In Eisenach, direkt vor dem Gerichtsgebäude angekommen, stiegen wir aus dem Käfigwagen. Kein Passant ahnte, wie es darin aussah und was sich hinter der harmlosen Fassade dieses Wagens verbarg.
Wir sahen uns zum ersten Mal wieder.
Was wir uns zu sagen hatten, mussten wir mit den Augen ausdrücken, denn miteinander sprechen war strengstens untersagt.
Aber wir konnten uns doch verständigen. Alles war noch da: die Liebe, das Vertrauen sowie die Zuversicht und Hoffnung, dieses Kapitel in unserem Lebenslauf schnell und gesund zu überstehen.

Getrennt voneinander warteten wir in Nebenräumen, bis es losging. Dann betraten wir, von Wachpersonal begleitet, den Saal.
Zu unserer großen Überraschung waren unsere Eltern anwesend, außerdem unser Verteidiger und je zwei Vertreter unserer früheren Betriebe bzw. Arbeitgeber. Vier fremde Personen, mit großer

Wahrscheinlichkeit Mitarbeiter der Staatssicherheit, waren Zuhörer.

Wir als Angeklagte saßen vor allen aufgereiht auf Holzstühlen.

Neben und zwischen uns saß Wachpersonal.

Vor uns baute sich das „Hohe Gericht" auf. Es bestand aus dem Richter, Herr Wuthenow, einer Staatsanwältin, zwei weiblichen Schöffen und einer Protokollantin. Alle anderen Namen waren nie bekannt und/oder sind mir leider entfallen.

Ich kann nicht mit Zitaten aus dieser Gerichtsverhandlung aufwarten. Ich war wohl überwältigt von den Tatsachen.

Ich hatte meinen Mann nach fast drei Monaten zum ersten Mal wieder an meiner Seite und wir standen vor einem Gericht, welches im Namen des Volkes über uns urteilen würde. Teilweise dachte ich: „Die spielen das Spiel aber gründlich."

Hier die vorhandenen Fragmente aus der Erinnerung:
- der Richter und die Staatsanwältin klagen uns an
- die Vertreter unserer Betriebe sprechen positiv über uns
- es wird wiederholt gesagt, dass wir eine hohe Verwirklichung der Tat erreicht haben
- der Verteidiger plädiert während der Verhandlung nur bezüglich meines Verstoßes gegen das Devisengesetzes auf Strafminderung. Die Flucht ist nicht sein Thema …
- es wird festgestellt, dass wir zu gleichen Teilen aktiv an der Planung und Ausführung der Tat beteiligt waren, daher wird auch gleichlautendes Urteil verkündet
- das Urteil für meinen Mann wird verkündet
  es lautet „1 Jahr und 10 Monate im Namen des Volkes"
- das Urteil für mich wird verkündet:
  es lautet: „1 Jahr und 11 Monate im Namen des Volkes"
  (1 Monat mehr für den Verstoß gegen § 17)
- zusätzlich zum Urteil verkündet der Richter:

„Für beide ist das Wohnrecht in Grenzgebieten der DDR auf Lebenszeit verboten."

Hier sei erwähnt, unser Dorf lag sehr nah an der innerdeutschen Grenze. Der Grenzübergang Wartha (in Thüringen) nach Herleshausen (in Hessen) war nur ca. 18 km entfernt.

Nun wussten wir mehr.
Wir konnten uns kurz berühren. Wir konnten unseren Eltern aufmunternde Blicke zuwerfen. Mehr nicht.
Dann ging es mit der „Minna" zurück nach Erfurt in die Zelle zum großen Heulen.

Und doch war es ein gutes Gefühl, zu wissen wie lange man maximal in Haft bleiben musste. Bereits in U-Haft wurde hinter vorgehaltener Hand vom Freikauf in den Westen gesprochen. Auch hier waren Hoffnung und Glaube die Hauptzutaten. Auch hier erfuhr ich, dass man bei guter Führung damit rechnen konnte, etwa nach der Hälfte der Zeit in den Westen zu kommen. Vorausgesetzt, man war ‚sauber', d. h. man hatte kein weiteres Delikt begangen.
Mein Schmuckschmuggel zählte wohl zum Glück nicht …

Mein Mann begegnete später zahlreichen Männern, die sich dessen bewusst waren, dass sie wegen eines weiteren Deliktes (und sei es noch so gering gewesen) nicht in den Westen kommen würden. Aber auch diese Tatsache hatte zwei Seiten. Wenn die DDR zum Beispiel einen „schweren Jungen" loswerden wollte und die Bundesrepublik einen schon länger inhaftierten Pfarrer unbedingt haben wollte, dann ging der Herr Pfarrer nur mit dem schweren Jungen als Paket in den Westen.

Auch über das Schicksal der Eheleute Soßdorf wurde verhandelt. In Freiheit erfuhren wir, dass sich sowohl unser Freund Heiner als auch unser Onkel Erich aus Kassel, nachdem sie von unserer Verhaftung erfahren hatten, sofort mit sehr vielen Institutionen in der Bundesrepublik in Verbindung gesetzt hatten. Sie machten intensiv, sowohl telefonisch als auch schriftlich, auf unser Schicksal aufmerksam. Sie sorgten dafür, dass unsere Namen auf den richtigen Schreibtischen landeten.

Zugute kam uns, dass wir kleine Lichter waren und daher auch unser Strafmaß relativ gering ausfiel. Alle Abtrünnigen, welche auf Kosten des Staates studiert hatten, alle Flüchtlinge mit hohen Ämtern, Titeln und verantwortungsvollen Jobs, alle Mitarbeiter der Armee oder der Staatssicherheit und deren Angehörige – sie alle, wurden mit viel längeren Haftzeiten bestraft.

Doch bis zur Entlassung lag noch ein weiter Weg vor uns. Inzwischen waren wir in der Zelle zu viert. Eine weitere „RF" (Kürzel für Häftlinge mit dem Delikt Republikflucht) war dazu gekommen.

„Dein Urteil ist doch gut", sagten alle zu mir.

„Wir haben mit mehr gerechnet. Ihr seid mit euren Kindern so weit gekommen."

„Gut, wenn ihr das sagt", gab ich kleinlaut zurück.

Die Tage vergingen, und die große Frage lautete, wann werden wir in den Strafvollzug transportiert?

Ich war wieder auf „Alltag-in-der-Zelle" programmiert, doch nun wurde ich auf eine ganz besondere Probe gestellt.

In der vergangenen Nacht und in der Nacht davor ging es sehr laut zu auf dem Flur. Schimpfen, schreien, poltern, Zellentür auf und Zellentür zu war zu hören. Nichts Genaues, nur ein einziger verständlicher Satz, der wiederholt gerufen wurde: „Ich bin eine anständige Frau."

Keine von uns konnte sich darauf einen Reim machen.

Ich musste es in den nächsten Tagen und Nächten.

Morgens nach dem Frühstück ging die Zellentür auf. Wir standen stramm und machten Meldung.

Da hieß es: „Strafgefangene Soßdorf, packen Sie Ihre Sachen!"

„Alles?"

„Ja, alles."

„Auch das Bettzeug?"

„Auch das Bettzeug."

Fragend schaute ich die anderen an. Sie halfen mir, die wenigen Teile schnell zu selektieren. Dann stand ich mit meinem „Besitz" auf dem Flur. Meine mir vertraute Zelle wurde verschlossen und eine gegenüberliegende geöffnet. Es war niemand da. Ich bekam das untere Bett rechts zugewiesen und den Befehl, mich hier einzurichten.

Dann war ich allein.

Das Bett links war bezogen und scheinbar „wohnte" hier jemand. Da sah ich, dass es in dieser Zelle kein Waschbecken gab, sondern nur eine Wand, welche deutlich zeigte, dass bis vor kurzem ein solches an ihr befestigt war.

Ich war unglücklich. In der alten Zelle fühlte ich mich sicher, mit meinen alten Kameradinnen war ich vertraut. Ich begann zu weinen. Bezog mein Bett, legte meine Kleidung in das Regal über dem Tisch. Jede Zelle schien genau nach dem gleichem Muster eingerichtet zu sein.

Auch wir hatten eine Plastikdose im Regal stehen, wie hier. In dieser Dose hatten wir Nahrungsmittel verwahrt. War mal eine Scheibe Brot übrig, hatte eine zum Mittag keinen Appetit auf das Würstchen, dann konnte sie am Abend darauf zurückgreifen. Ich sah sofort, in dieser Dose ist Wäsche. Später erklärte mir meine neue Zimmernachbarin, dass sie darin ihre schmutzigen Schlüpfer verwahrte.

Die Zelle wurde aufgeschlossen und es kamen zwei Handwerker. Sie befestigten ein neues Waschbecken an der Wand und reparierten den Wasserhahn, der ganz schräg stand.
Das Poltern heute Nacht – hier war die Erklärung.
Aber wie konnte das geschehen?
Ich musste weinen, konnte mich nicht beruhigen, obwohl ich noch gar nicht wusste, was auf mich zukam. Ich ließ mir in den nachfolgenden Tagen sehr viele Taschentücher durch die Klappe der Zellentür reichen.

Am Abend kam sie dann, völlig aufgelöst, direkt vom Verhör zurück in die Zelle zu mir – meine neue Zellengenossin.
Eine junge Frau, etwa 30 Jahre alt. Also, so alt wie ich.
Schlank, rote halblange Haare, insgesamt ein blasser Typ. Sie war hysterisch. Sie sagte erneut und mehrmals diesen Satz: „Ich bin eine anständige Frau" und warf sich aufs Bett und schlug um sich.
Ich weiß nicht mehr wie, aber ich konnte sie etwas beruhigen.
Als erstes fragte ich, was denn mit dem Waschbecken passiert wäre.
„Das war ich. Das habe ich heute Nacht herunter gerissen. Die halten mich schließlich hier fest, die Schweine. Ich habe nichts getan, ich bin unschuldig."
So ging das, bis die Nacht kam.

Weil ich konstant weinte, hatte sie vielleicht Mitleid mit mir, und fragte, weshalb ich denn hier wäre.
Ich sagte unter Tränen: „RF".
„Was ist das denn?"
„Republikflucht."
Wieder fragte sie: „Was ist das denn?"

„Ich wollte mit meinem Mann und meinen Kindern in den Westen."

„Warum das denn?"

Sie hatte noch nie davon gehört, dass jemand in den Westen wollte. Wieder eine Information vorweg: Ihr Name war Hannelore. Kurz bevor ich aus Hoheneck entlassen wurde, erreichten mich Grüße von Hannelore. Sie sei auch in Hoheneck und habe die Ausreise beantragt.

Aber das war bestimmt nicht mein Verdienst. Sie war im Laufe ihres Aufenthaltes im Gefängnis wohl mehrmals auf „RF" gestoßen und dann hatte diese Idee in ihrem Kopf Einzug gehalten.

Wir wuschen uns und legten uns zu Bett. Mein Schlaf war unruhig, denn ich musste immer weiter weinen. Es war einfach nicht zu stoppen.

Dann war ich wohl doch eingeschlafen, wurde aber wieder geweckt. Vor mir stand Hannelore mit dem Holzbrett, welches zwischen die Glasbausteine geschoben werden konnte, wenn zu kalte Luft von draußen eindrang. Sie wollte wieder randalieren. Sie schrie, dass sie unschuldig wäre und eine anständige Frau. Ich sprang aus dem Bett, konnte ihr das Brett wegnehmen und sie beruhigen.

Vom Wachpersonal schaute keiner nach uns.

Die Nacht verging. Ich brauchte sofort am Morgen neue Taschentücher. Nie zuvor und niemals danach habe ich so ausdauernd geweint.

Sie wurde zum Verhör geholt. Ich blieb alleine. Ich wurde auch alleine in den Freihof gebracht. Ich ging meine Runden, hatte Sehnsucht nach Uschi und Ilse und weinte.

Am späten Abend kam sie zurück. Noch immer aufgelöst und nervlich am Ende, doch sie begann, mir etwas zu erzählen: „Ich bin hier, weil ich meinem kleinen Sohn an den Schniedel gefasst habe."

„Aber das ist doch kein Grund, dich hier festzuhalten", sagte ich.

„Sage ich ja auch. Ich bin unschuldig. Ich bin eine anständige Frau." Und sie wurde wieder lauter.

Nun erzählte ich ihr, dass ich auch zwei Söhne habe und dass ich diese beiden für lange Zeit nicht sehen würde.

Das war der Ansatz für ein Gespräch.

Ich fasse zusammen: Bis zum 27.10.1981 war ich mit ihr zusammen in einer Zelle. Sieben Tage wurde sie täglich viele Stunden verhört. Und immer, wenn sie abends zu mir zurückkam, erzählte sie mir das, was sie dem Vernehmer scheibchenweise preisgegeben hatte.

Sie erzählte mir, dass sie eine wunderschöne Wohnung hat, dass sie ein Himmelbett mit rosa Stoffhimmel besitzt. Dass sie ein ganz tolles Auto fährt und schwarze, über die Knie reichende Wildlederstiefel (heute in aller Munde – Overknees) besitzt. Da wurde in meinem Kopf die Idee geboren – eine Prostituierte.

Nach fünf oder sechs Tagen wusste ich endlich alles. Sie erzählte mir (aber wie gesagt, jeden Tag ein wenig), dass sie einen Freund hat. Sie waren zusammen ausgegangen, der Freund ging mit ihr gemeinsam nach Hause. Es war Nacht. Unterwegs trafen sie einen jungen Mann in der Uniform der Volksarmee der DDR, der auch etwas getrunken hatte und sie anpöbelte. Daraufhin schlug ihr Freund den jungen Mann zusammen. Er fiel nach hinten und schlug mit dem Kopf auf eine Bordsteinkante. Er rührte sich nicht mehr. Sie bückte sich nach ihm und wollte ihm helfen, wollte zurück in die Kneipe, um Hilfe zu holen. Bei dem Versuch ihm zu helfen kam Blut an ihre Hände und ihre Kleidung. Ihr Freund hielt sie von dem Versuch, Hilfe zu holen ab und wurde selbst mit Blut beschmiert.

Sie gingen beide nach Hause. Da sie später Sirenen von Kranken-wagen und Feuerwehr hörten, konnte diese Wohnung nicht weit entfernt gelegen haben. Beide zogen sich um, wuschen sich und gingen an den Tatort zurück.

Als neugierige Schaulustige tauchten sie dort auf. Da ihr Freund aber ein stadtbekannter Schläger war, wurde die Polizei bei sei-nem Erscheinen sofort misstrauisch und legte ihm Handschellen an. Am nächsten Morgen wurde auch sie zu Hause abgeholt und in diese U-Haft gebracht.

Der Getötete starb zweifach. Erstens war sein Genick gebrochen, und zweitens war der Kehlkopf zertrümmert. Und in der Untersu-chungshaft der Staatssicherheit waren sie beide, weil der Getötete ein Soldat war. Somit war es zu einem politischen Delikt gewor-den.

Täglich entlockte man ihr ein Detail nach dem anderen, und sie wurde ruhiger. Als sie am dritten Tag nicht gleich morgens zum Verhör geholt wurde, durften wir zusammen auf den Freihof. Dort begann sie, eine Schau abzuziehen. Sie lief wie eine Stripperin durch unseren Käfig. Sie machte Gesten und Schritte, die mir neu und fremd waren, oder die ich nur aus Filmen kannte. Sie machte Handstand und landete mit den Beinen oben an der Wand. Dabei fiel das Oberteil des Trainingsanzuges nach unten und ihr Busen lag frei. Sie trug keinen Büstenhalter. Und zu allem Überfluss be-gann sie wieder lauthals zu rufen „Ich bin eine anständige Frau."

Da rief eine männliche Stimme ihren Namen. „Hannelore. Ich liebe dich, ich liebe dich, halte durch!" Ich zog den Kopf ein. An den Fenstern des Bürogebäudes waren viele Köpfe zu sehen, die uns beobachteten.

Danach, in der Zelle, war sie wieder nervös und aufgewühlt, wurde aber zum Glück gleich zur Vernehmung geholt.

Am nächsten Tag wieder gemeinsamer Freihof.

Sie war sich ihrer Wirkung sicher. Es begann das gleiche Spiel. Alle Wärter hatten Spaß, und an den Fenstern des Stasi-Bürogebäudes gab es keinen freien Platz mehr. Sie wurde immer temperamentvoller bei den Tanzeinlagen. Aber am meisten Spaß machte der Handstand, wodurch der Busen mal die weite Welt (des Gefängnisses) sehen konnte.

So ging das vier Tage lang. Wir waren die Attraktion des Tages. Aber auch das habe ich überstanden und kann heute sogar darüber lachen, wenn ich es erzähle.

Aus heutiger Sicht, denke ich, ich wurde zu ihr verlegt, weil man mir zutraute, dass ich sie beruhige. Ich könnte es positiv werten.

Am 26.10.1981 wurde ich aufgefordert „Sachen packen!" und aus dieser Zelle in die Kleiderkammer gebracht. Meine Schwiegermutter hatte mir bei einem Besuchstermin ein paar Kleidungsstücke mitgebracht, welche ich übrigens auch zur Verhandlung tragen durfte. Diese Kleidung wurde mir ausgehändigt. Ich durfte den Trainingsanzug ausziehen und in meine private Kleidung schlüpfen. Ich hatte abgenommen.

Eine Kiste wurde mir zugeschoben: „Ihre Effekten."

Aha, meine schwarze Tasche und all meine Papiere. Um meinen Schmuck hatte man mich ja erleichtert. Ich musste alles auf Vollständigkeit überprüfen und den Empfang quittieren. Da sah ich auf der Kiste groß und deutlich meinen Namen und das Wort „HOHENECK".

Ich freute mich. Ich komme nach Hoheneck, das bedeutete, ich kam dem Westen näher.

Ich wusste aber nicht, was es wirklich bedeutete.

Transport in den Strafvollzug

„Die Geduldsprobe" wäre ein weiterer Titelvorschlag für die Erlebnisse rund um unsere Flucht. Die Erklärung folgt.

Auch hier sei gleich zu Beginn gesagt, die genaue Reihenfolge der Ereignisse ist nicht mehr klar in meiner Erinnerung. Ich weiß aber, dass wir mehrere Frauen waren, die in einem Transporter zum Bahnhof nach Erfurt gebracht wurden. Dort wurden wir unter strengster Bewachung durch unterirdische Gänge zu einem Abstellgleis geführt. Ein Waggon, dessen Fenster mit weißer Ölfarbe bestrichen und somit undurchsichtig waren, wartete auf uns. Wir wurden hineingetrieben und die Türen verschlossen. Im Waggon waren bereits einige Frauen. Ich sah zum ersten Mal in meinem Leben tätowierte Frauen.

Ich besitze heute noch eine Eigenschaft, die ich vorzugsweise bei Flug- oder Bahnreisen anwende. Ich setze mich auf (m)einen Platz und fahre meinen Stoffwechsel runter. So nenne ich es jedenfalls. Ich ignoriere alles um mich herum. Ich muss nicht lesen und nicht zur Toilette. Ich falle in eine Art Trance und kann so lange Reise- oder Wartezeiten vorzüglich überstehen.

Ob ich diese Eigenschaft damals bereits besaß, oder ob ich sie mir eigens für diese Transporte und alles andere angeeignet hatte, bleibt selbst mir verschlossen.

Ich setzte mich also hin und vermied Gefühle und Gespräche. Und ich ignorierte die Zeit, denn kein weiblicher Häftling besaß eine Uhr.

Nach Stunden des Wartens gab es Geräusche und einen Ruck. Unser Waggon wurde angekoppelt, und alles deutete darauf hin, dass sich ein Zug mit uns als Anhang in Bewegung setzt.

Die Wellen der Empörung schlugen hoch. Alle schimpften, weil wir nichts zu essen und nichts zu trinken hatten und niemand wusste, wie lange wir wohin gefahren wurden.

Ich wusste aber, ich komme nach Hoheneck.

Es wurden diverse Bahnhöfe angefahren, und öfter stiegen Häftlinge ein und aus. Bei jedem Halt kamen mehr Frauen herein als hinaus. Es wurde immer voller und ungemütlicher. Die Stimmung stieg und es gab nur eine Toilette für ca. 40 Frauen.

Erneut hielt der Zug und neben mehreren Namen wurde auch meiner aufgerufen. Ich verließ mit ca. 10 Frauen den Zug.

Da sah ich eine Gruppe Männer und sofort erkannte ich meinen Mann unter ihnen. Die männlichen Häftlinge waren alle mit Handschellen aneinander gekettet und von deutlich mehr Hunden und Wachen umringt. Wir riefen unsere Namen und winkten uns zu; freuten uns und sahen uns für lange Zeit ein letztes Mal.

Wir Frauen wurden erneut durch unterirdische Gänge zu einer unterirdischen Zelle gebracht. Das Wachpersonal hatte ausreichend Waffen, Schlagstöcke und Hunde dabei.

Ein kalter Raum, besser gesagt ein Käfig, mit einem Boden aus Lehm tat sich auf. Dort waren zwei Bänke an den Längsseiten installiert. Die Eintrittsseite bestand nur aus einem Eisengitter mit einer Tür. Wir ließen uns auf den Bänken nieder und warteten und warteten.

Ich musste wieder weinen.

Ein paar Frauen, die mich umringten, waren noch sehr jung. Sie erzählten mir kleine Kurzgeschichten über ihre Vergehen. „Nicht gearbeitet" oder „das Konto überzogen" – an diese beiden Haftgründe kann ich mich erinnern. Für mich war es neu, dass man dafür in den Knast kommen konnte.

Ich erzählte wohl auch, warum ich inhaftiert war, weinte dabei jedoch ununterbrochen. Das wiederum hatte eine kleine, pummelige junge Frau veranlasst, mich zu fragen, ob sie mir denn die Geschichte von der Weihnachtsgans Auguste erzählen solle.

Ich bejahte es, und sie erzählte sie mir. Im Oktober, im unterirdischen Käfig eines Bahnhofes.

Noch immer gab es weder Essen noch Trinken.

Da wurde der Käfig wieder aufgeschlossen. Erneut tat sich die Unterwelt eines Bahnhofes für uns auf, während wir bewacht wurden wie Schwerverbrecher. Rohre über Rohre an den Wänden und den Decken. Viele Leitungen und Kabel und dennoch düster und mit nur wenig Licht.

Wir wurden nur kurz zwischengelagert.

Der Inhalt der nächsten Stunden:
Ein Waggon mit weißen undurchsichtigen Fenstern, viele Frauen, unzählige Stopps auf Bahnhöfen oder in der freien Prärie, Ab- und Ankoppeln unseres und/oder anderer Waggons, kein Gefühl für Zeit und Raum und keine Ahnung, wie lange diese Fahrt noch dauern wird …

Aber ich wusste, ich komme nach Hoheneck.

Es war spät in der Nacht, als wir auf dem Bahnhof Stollberg ankamen. Die Stadt Stollberg im nördlichen Erzgebirge ist Sitz der Strafvollzugsanstalt Hoheneck.

Meine Erinnerung versagt erneut. Einzelne Bilder der Zelle im „Zugang" auf Burg Hoheneck sind das erste, was ich über das Zuchthaus aus dem Gedächtnis graben kann. Wie ich zur Burg gekommen bin, weiß ich nicht mehr. Der Abend, die Nacht, die Fahrt in den engen Zellen der Minna – ich habe wohl die An- und Einfahrt in mein neues „Schlosshotel" verschlafen.

Aus dem Jahre 1244 sind die ersten Aufzeichnungen darüber, dass an dieser Stelle, auf diesem Berg ein Schloss stand.

1564 kaufte der sächsische Kurfürst August I. das Anwesen und baute es zu einem Jagdschloss um. Etwa 20 Jahre diente es diesem Zweck.

Danach begann der Verfall. Brände und der Dreißigjährige Krieg trugen dazu bei. Erst 1812 begann auf dem gleichen Areal der Bau eines neuen Amtshauses, das schließlich 44 Jahre als Rent- und Justitzamt fungierte. Der damals gebaute Eckturm war wohl Namensgeber für „Hoheneck".

1862 wurde das alte Schloss abgetragen und an dieser Stelle ein Frauengefängnis errichtet. Im Dezember 1864 wurden die ersten 44 Frauen dort inhaftiert. Es nannte sich „Königlich sächsische Weiberzuchtanstalt". 11 Jahre später waren es bereits 250 Gefangene.

Von 1886 bis 1989 erfuhr das Gebäude ständige An- und Umbauten.

Teilweise diente es als Strafanstalt für Männer, zeitweise als Lazarett. Unmittelbar nach dem Ende des Zweiten Weltkrieges wurden im Gefängnis Angehörige des Volkssturms und des Werwolfs inhaftiert, aber auch durch die Sowjetische Militäradministration Aufgegriffene, die wegen kleinerer Delikte oft ohne ordentliches Verfahren nach Hoheneck kamen, saßen hier ein. Die Versorgung der Gefangenen war damals katastrophal. Seuchen und Hunger dezimierten die Zahl der Insassen (besonders im Winter 1945/46) oder führten zu vorzeitigen Entlassungen wegen Haftunfähigkeit.

1950 wurden durch sowjetische Militärtribunale 1.119 Frauen aus den Speziallagern Bautzen und Sachsenhausen nach Hoheneck verlegt.

Das für maximal 600 Häftlinge ausgelegte Zuchthaus wurde zum ersten Mal überbelegt. Hoheneck wurde zu einem Gefängnis für aus politischen Gründen inhaftierte Frauen.

1953 wollten inhaftierte Frauen mit einem Hungerstreik bessere Bedingungen und eine Überprüfung ihrer Verurteilungen *erreichen. Dies gelang auch teilweise und von 1954 bis 1956 wurden einige Frauen entlassen. Allerdings verpflichtete man sie unter Androhung von Strafen zum Schweigen über die Zeit der Inhaftierung.*

In den 1970er Jahren saßen zeitweise bis zu 1.600 Häftlinge in Hoheneck ein. Viele mussten auf dem Boden schlafen. Strafverschärfend war das Zusammenlegen von politischen Häftlingen (mehrfache Ausreiseanträge oder versuchter ungesetzlicher Grenzübertritt) mit Gewaltverbrecherinnen, auch Mörderinnen. Im Zuge der Bestrebungen, eine internationale Anerkennung der DDR zu erlangen, wurden 1983 nach Besichtigungen durch UN-Kommissionen in den DDR-Haftanstalten die Haftbedingungen grundlegend verändert. Noch bis etwa Mitte 1989 saßen 400 Gefangene ein, davon etwa 30 Prozent politische Gefangene. Bis dahin wurden alle für den Freikauf vorgesehenen Frauen über Hoheneck geleitet, was eine gefängniseigene Außenstelle des Ministeriums für Staatssicherheit nötig machte.

Im November 1989, nach dem Fall der Mauer, erfolgte eine Amnestie für die letzten politischen Häftlinge der DDR. Nach einem Gefangenenaufstand im Dezember 1989 wurde auch ein Teil der kriminellen Straftäterinnen amnestiert. Die genaue Zahl der inhaftierten Frauen während der DDR-Zeit ist nicht bekannt.

2001 wurde die Justizvollzugsanstalt geschlossen. Seit 2014 erfolgt die Sanierung und der Umbau der Gebäude für eine Nutzung als Gedenkstätte, Freizeittreff und Begegnungsstätte. Im Jahr 2015 wurde der Südflügel als Gedenkstätte mit original erhaltenem Zellentrakt hergerichtet, in welchem auch Führungen stattfinden.

So viel zur Historie meiner neuen „Unterkunft".

Zuchthaus Hoheneck

Mit Sicherheit fuhren wir durch das blaue Eingangstor und über den Wassergraben zur ersten Schleuse. Mit Sicherheit fuhren wir dabei an den sieben Meter hohen Mauern und den Schäferhunden vorbei.

Mit Sicherheit wurde ich ärztlich untersucht. Nicht meiner Gesundheit wegen, sondern um sicherzustellen, dass ich keine Krankheiten, Getier oder verbotene Gegenstände mitbrachte.

Mit Sicherheit wurde meine Kleidung gegen die Häftlingskleidung von Hoheneck getauscht.

Doch daran fehlt mir wiederum jede Erinnerung.

Ich war in einer Zelle auf „Zugang". So hieß ein Trakt im ebenerdigen Bereich des Hautgebäudes. Dort wurden alle Neuankömmlinge solange verwahrt, bis oben in den „Kommandos" Platz für sie war.

Die erste Nacht lehrte mich bereits das Grauen. Wir waren acht Frauen in dieser Zelle. Teils Republikflüchtlinge, teils andere Delikte.

Vier Doppelstockbetten standen zur Verfügung. Mir wies man ein Bett oben, hinten am Fenster zu.

Ob es noch etwas zu essen gab, oder nicht …? – Alles vergessen.

Nur diese erste Nacht im oberen Bett auf „Zugang", die habe ich noch immer ganz deutlich in Erinnerung.

Ich war derart unglücklich, denn dieses Gebäude strahlte von Anfang an etwas aus, das ich nicht erklären konnte.

Es machte mir Angst.

Ich lag oben im Bett. Der Wind fauchte und pfiff gespenstisch um das Schloss herum und es war eisig kalt. Ich fror so stark, dass ich herunterkletterte, um mir den neu übergebenen schwarzen, bretthartem Gefängnis-Wollmantel zu holen und mich damit zusätzlich zu wärmen. Da ging das Licht an, und die Zellentür wurde aufgeschlossen. „Legen Sie sofort den Mantel zurück! Das ist nicht gestattet!" Ich legte ihn zurück, kletterte in mein Bett und heulte mich frierend in den Schlaf.

Auch diese Ereignisse in der ersten Nacht auf der Burg Hoheneck gruben sich tief in mein Unterbewusstsein ein. Wenn heute mal der Wind heult und pfeift, bin ich gedanklich schnell wieder auf Zugang in der Zelle.

In dieser ersten Woche zweifelte ich an unserem Fluchtprojekt. Musste das wirklich sein? Die Kinder fehlten mir so sehr. Ich wollte bei ihnen sein. Mein Mann fehlte mir. Ich wollte wieder in seinen Armen liegen. All das war das Ergebnis einer ganz besonderen Atmosphäre, welche in dieser Burg herrschte.

Bereits am zweiten Tag bekamen wir Arbeit zugewiesen. Bis zum Mittag mussten wir in einem eisig kalten Raum im Keller mit stumpfen Messern geschälte Kartoffeln nachputzen. Bereits nach Stunden waren Blasen an den Händen die Folge. Ich hatte sie ja drei Monate nicht beansprucht.

Nachmittags saßen wir in der Zelle und reparierten Häftlingsbzw. Anstaltskleidung mit Nadel und Faden.
Außerdem bekam jeder Neuzugang eine Rolle weißes Stoffband ausgehändigt, in das mit schwarzem Stift der eigene Name, so oft als nötig eingeschrieben wurde. Dann wurde das Band in jedes Kleidungsstück eingenäht, und es war somit gekennzeichnet.

Mitunter wurde tagsüber Musik im Zugangs-Trakt gespielt. Einmal erklang lautstark das Lied „La Provence, la Provence, du blühendes Land" von Nana Mouskouri.

Es löste Emotionen und Fernweh ungeahnten Ausmaßes bei mir aus. Das grenzte an Folter. Ich musste kräftig weinen.

Oder hab ich das nur geträumt? Wer hat denn dort die Musik gemacht? Wurde uns dieses Lied aus Versehen oder mit Absicht serviert?

Sechs Tage verbrachte ich auf diese Weise, bevor ich nach oben durfte.

Man sehnt diesen Tag herbei, an dem man nach oben in die Kommandos kommt, denn unten bleiben heißt, keine Arbeit und keine Vergütung zu haben. Nun darf nicht der Eindruck entstehen, die Vergütung hätte sich gelohnt. Aber es war immerhin so viel, dass eine kleine Summe (50 Ost-Mark pro Monat für jedes Kind – ebenso von meinem Mann) nach Hause geschickt wurde und dass man selbst ein wenig, ähnlich wie in U-Haft, für Einkäufe hatte.

Der Gang nach oben führte über Stahltreppen, wie man sie aus jedem Hochsicherheitstrakt in Knastfilmen kennt. Stahlnetze waren rechts und links der Stufen gespannt, um Sprünge (Suizid) zu verhindern. Später erst erfuhr ich, dass unser Knast ähnlich wie Alcatraz gebaut war. Alcatraz wurde ab Mai 1861 als Gefängnis genutzt.

Ich kam in das Kommando „ESDA", was bedeutete, wir nähten Strumpfhosen. Hinter dem Kürzel ESDA verbarg sich „VEB Strumpfkombinat Thalheim".

Dieser Betrieb vergab damals Aufträge an die Produktionsstätte im Gefängnis Hoheneck. In dieses Kommando kamen größtenteils Häftlinge, deren Urteil unter zwei Jahren Haftzeit lag. Um es positiv darzustellen, ich kam nicht direkt mit Mörderinnen und den hier inhaftierten KZ-Aufseherinnen zusammen. Ich begegnete ihnen lediglich auf dem Freihof während der Pausen-Rundgänge.

Man zeigte mit den Fingern auf sie und erfuhr ihre Schicksale und ihre grausamen Vergehen. Eine junge Frau ist mir besonders bildlich in Erinnerung geblieben. Von ihr hieß es, sie hätte ihre beiden Kinder mit Bohnerwachs bestrichen und angezündet.

Es gab noch ein weiteres Kommando, das den Namen „PLANET" trug. Im dritten Stock des Arbeitstraktes richtete der „VEB Planet Wäschefabrik, Eppendorf" eine Produktionsstätte ein. Von 1950 bis 1989 mussten hier weibliche Gefangene im Akkord Bettwäsche nähen. Im Jahr 1974 musste jede Frau pro Schicht 180 bis 200 Bettbezüge nähen. Diese Normen stiegen mit der Zeit kontinuierlich an; im Jahr 1988 belief sich die Vorgabe für die Näherinnen auf 287 Bettbezüge. Dem Kommando Planet waren größtenteils Strafgefangene mit einem Strafmaß über zwei Jahre zugeordnet. Später erfuhr ich, dass in Hoheneck hergestellte Waren in den Westen verkauft wurden. Aldi-, Neckermann-, Kaufhof- und andere Kunden freuten sich. Die Eigentümer und Betreiber der Discounter oder Warenhäuser kannten die Arbeitsstätten nicht oder ignorierten diese Tatsache.
Es wanderten Stoffreste durch alle Zellen. Mitunter waren kleine Kissen, Puppen oder Tiere aus solchen genäht. Natürlich verbotener Weise. Nach jeder Razzia waren diese kleinen Kunstwerke weg. Wir sahen aber die gute Qualität und die schönen Muster der Stoffe. Derartige Bettwäsche war in der DDR nicht zu haben.

Eine schwere, mehrfach verschließbare Tür führte in einen Flur, in welchem unser Kommando untergebracht war. Dieser Flur war ca. 50 m lang und 30 m breit und umringt von sechs Zellentüren, welche wiederum schwer und mehrfach verschließbar waren. Außerdem befand sich dort das Büro unserer „Erzieherin".
Ich wurde in eine Zelle geführt.

Viele Augen schauten mich an, teils interessiert, teils völlig interessenlos.

Die „Verwahrraumälteste", namens Hella, nahm mich in Empfang. Jeder Verwahrraum hatte eine solche Verwahrraumälteste. Sie war ein „Vorbild" für uns alle. Sie überwachte uns, unsere Ordnung, unsere Sauberkeit und mit Sicherheit auch unsere Gesinnung. Ihre eigene Motivation lag in dem Wunsch, wegen guter Führung vorzeitig entlassen zu werden.

Acht Betten mit jeweils drei Etagen standen in diesem Raum. Maximal 24 Strafgefangene konnten hier untergebracht werden. Hella zeigte mir, wo ich schlafen durfte. Dritte Reihe, drittes Bett ganz oben. Ich war 29 Jahre alt und mir war nicht bewusst, welch geübter Kletterer in mir steckte. Hinaufklettern und Bett beziehen, straff und faltenfrei, war eine Übung. Zur Nachtruhe hinauf und mehrmals (nachts, im Dunkeln) zur Toilette herunter, war eine andere. An der vorderen Seite eines jeden Bettes war zwar eine Leiter, aber die benutzte man mitunter gar nicht.

Außerdem wurde mir ein Schrankfach von der Größe eines 50 x 50 cm-Quadrates zugewiesen. Da hinein gehörten Kleidung und Wäsche; und sollte man Zigaretten, Süßigkeiten, Kosmetik, Papier, Stifte oder ähnliches besitzen, ebenfalls.

Der Besitz von Papier und Stiften war nur in U-Haft verboten. Im Strafvollzug war es dann erlaubt und Derartiges konnte beim wöchentlichen Einkauf erworben werden.

Diese Schränke standen an der Zellenwand hinter der Zellentür rechts, und neben der Zellentür links gab es eine Garderobe. Dort hingen unsere schwarzen Pferdedecken-Wollmäntel und dort standen unsere Schuhe.

Um einen seitlich im Raum stehenden Tisch standen 12 Stühle herum. Es gab vier große Fenster, aber diese ließen nur den Blick auf den Innen- bzw. Freihof zu.

An der Seitenwand eines Schrankes hing ein Spiegel. Er war milchig und teilweise schwarz. Er sagte mir: Du siehst nicht gut aus. Meine Haare waren inzwischen schulterlang. Es gab ja keinen Frisör. Unter den Frauen war immer eine, die es wagte, anderen die Haare zu kürzen. Auch ich habe diese Dienstleistung manchmal ausgeführt.

Dann betrat ich den Waschraum. Dieser Raum schockierte mich. Drei Toiletten an der schmalen Seite und ein riesig langer Waschtrog an der langen Seite. Über dem Waschtrog befanden sich fünf Wasserhähne, aus denen nicht immer warmes Wasser kam. An der gegenüberliegenden Wand stand ein langes, schmales Regal, auf welchem wir unsere Seife in einer Seifenschachtel und unsere Zahnputzutensilien in einem Becher ablegen und abstellen durften oder mussten. Darunter eine unglaubliche Anzahl von Wandhaken für Handtücher und Waschlappen. Jede Strafgefangene hatte eine Nummer, diese Nummer half beim Unterscheiden dieser Utensilien.

In der Mitte dieses Wasch- und Toiletten-Raumes – wer hätte das gedacht – ein Tisch, umringt von verschiedenen Hockern.
Dieser Tisch war sehr beliebt. Obwohl hier gerade „Geschäfte" auf der Toilette gemacht wurden, war er ständig belagert. Er wurde benutzt zum Plaudern, zum Essen und Trinken; sogar Torte wurde hier gebacken.
Für alle Neugierigen hier das Rezept:
Eine Schicht Kekse wurde mit Apfelmus bestrichen, dann wieder eine Schicht Kekse, dann Apfelmus, dann Kekse, bis alle Zutaten verbraucht waren. Wenn dann am nächsten Tag der Anschnitt erfolgte, hatte sich eine Masse gebildet, welche wirklich an Kuchen erinnerte. Wenn man Freunde hatte, bekam man zum Geburtstag eine solche Torte gebacken.

Meine Kleidung war verstaut, mein Bett mit der blau-weißen Bettwäsche bezogen. Es folgten die ersten Gespräche. Unser Verwahrraum hatte Frühschicht.

Sechs Frauen outeten sich als RF-Häftlinge, der Rest meiner Mitbewohnerinnen hatte diverse Vergehen begangen, welche sich mir aber erst im Laufe der Zeit erschlossen.

Natürlich war der Draht zu den Republikflüchtlingen sofort näher und besser. Es war jedoch keine dabei, bei der ich von Liebe auf den ersten Blick, wie bei meinen beiden Mitstreiterinnen in der U-Haft, sprechen würde.

Da war Elke. Blass, spindeldürr und sehr verschlossen. Sie gab sich nett, war aber so gar nicht mein Fall.

Regina war groß, hatte halblange rote Haare und machte einen schüchternen, bescheidenen Eindruck. Mit ihr wurde ich sehr bald vertraut, und wir gingen später öfter in den Flur hinaus, um uns zu unterhalten.

An dieser Stelle muss erwähnt werden, unser Verwahrraum war tagsüber offen, das heißt, wir konnten über den Flur in die anderen Zellen gehen. Davon habe ich jedoch sehr wenig Gebrauch gemacht. Man könnte es positiv werten, da eine gewisse „Freiheit" herrschte. Das Negative daran war jedoch, dass ständig Unruhe herrschte. Kommen und Gehen, Tür auf, Tür zu. Suchen, Rufen, Finden. Verfolgen, Schimpfen, Beleidigen – all das war an der Tagesordnung.

Reginas Geschichte war kurz und heftig. Sie war Ärztin und wollte in den Westen. Sie hatte weder Mann noch Kinder und war Mitte Dreißig. Sie setzte sich einfach in einen Zug, der nach Westen fuhr und ließ sich festnehmen. So ging es auch. Diese Art der Ausreise und ihr Doktortitel brachten ihr drei Jahre Haft als Urteil.

Sie nahm es gelassen, denn sie wollte es so. Sie las stets und ständig, konnte sich einfach nicht dazu herablassen, mit den „Assis" und den Nicht-Republikflüchtlingen in einen Dialog zu treten. Das wiederum hatte zur Folge, dass man sie besonders beobachtete und schikanierte, wenn es um Ordnung und Sauberkeit im Verwahr- oder Waschraum ging. Wenn ihr Zahnputzbecher oder ihre Seifenschale beim Verlassen der Zelle (vor Arbeitsbeginn) noch feucht waren, oder wenn sie den Klodeckel mal etwas lauter fallen ließ, dann fiel man verbal über sie her und machte sie fertig.

Frauen mit Gewalttaten, Unterschlagung, Betrug oder sonstigen Delikten standen neben Assis in der Hierarchie über den politischen Gefangenen. Sie hatten das Sagen in den Zellen und bevormundeten und bespitzelten uns.

Inzwischen war es Abend, und das abendliche Zeremoniell des Waschens begann. 23 nackte Frauen säuberten sich auf ganz unterschiedliche Weise. Die einen benutzten den Lappen und wuschen sich klassisch. Die anderen duschten sich mit viel Getöse in dem eben beschriebenen Raum. Land unter! Es war ja keine richtige Dusche vorhanden, es waren nur die Wasserhähne an der Wand. Dann wurden eben Zahnputzbecher gefüllt und das Wasser damit überall hingeschüttet, wo es erwünscht (oder auch nicht) war …

Parallel dazu gingen 23 Frauen noch einmal zur Toilette.

Wieder war ich beeindruckt von den Tätowierungen der Damen. Ein Oberarm mit einer riesigen Spritze und den drei Buchstaben LSD, beeindruckte mich besonders. Anker, Herzen, Ruder, Blumen, Namen – alles langweilig dagegen.

Bald wusste ich, dass politisch nicht akzeptable oder in der Haft neu gestochene Tattoos ohne Wenn und Aber im Haftkrankenhaus Waldheim nicht gerade zimperlich entfernt wurden.

Der Stubendienst machte den Feuchtraum sauber und trocken. Dann wurde die erste Nachtruhe ausgerufen.

Bevor die Zellen abgeschlossen wurden, wurde noch einmal durchgezählt. Das hieß, eine Wachtel kündigte sich durch Öffnen des Flures mit lautem Rascheln ihres umfangreichen Schlüsselbundes an. In großer Hektik stellten sich alle Zellengenossinnen in Reih und Glied auf. Die Tür ging auf, die Verwahrraumälteste meldete: „Verwahrraum 12 mit 23 Strafgefangenen zur Nachtruhe bereit!" Durchzählen. Dann wurde die Tür verschlossen.

Ich kletterte in mein Bett im dritten Stock. Das Lager neben mir war noch unbelegt. Der große Schmerz kam, wenn man alleine war, wenn Ruhe herrschte und nichts geschah. Ich dachte an die Kinder, an meinen Mann (wo sie ihn hingebracht hatten, wusste ich zu diesem Zeitpunkt noch nicht), an zu Hause, an die Freiheit. Aber es war immer genug Kraft und Willen in mir, um nie ganz zu verzweifeln. Immerhin war es die Folge unseres eigenen Handelns. Wenn jemand durch Verrat, also durch Fremde „Hilfe" in diese Lage kam, dann ist es verständlich, dass der Hass und die Verzweiflung viel größer waren. Eine Stimme in mir rief laut: Wir schaffen das!

Der erste Tag im Kommando ESDA begann für mich mit Frühschicht. Das bedeutete um 4 Uhr aufstehen, waschen, anziehen, Bett bauen (exakt, ohne eine Falte) und warten. Warten, bis aufgeschlossen wurde. Dann erfolgte die gleiche Art „Inventur" wie am Abend, jedoch diesmal vor der Tür im Flur stehend. „Verwahrraum 12 mit 23 Strafgefangenen zur Frühschicht bereit!" Außerdem rief Frau Obermeister (der Dienstgrad einer Wachtel) jeden einzelnen Namen auf und wir mussten wie aus der Pistole geschossen unser Geburtsdatum ergänzen. Danach war sie sich sicher, dass wir alle noch da waren.

Auf in den Speisesaal! Wir stiegen viele Stufen hinab und landeten in einer Art Schlachthaus mit gekachelten Wänden, schmalen Tischen und schmalen Holzbänken.
Das Küchenpersonal bestand ausschließlich aus weiblichen Häftlingen.
Auf den Tischen standen Brot, Margarine, Marmelade und oft Harzer Käse.
Alle hatten einen Platz gefunden, mussten nun aber wieder aufstehen und das Wachpersonal wartete solange mit strengen Blicken, bis absolute Ruhe herrschte, bis man eine Stecknadel hätte fallen hören können. Erst dann durften wir uns setzten und frühstücken.
Wie im Kindergarten, dachte ich.

Dieses Ritual begleitete jede Mahlzeit, ging aber nicht immer schnell und reibungslos vonstatten. Schlimmstenfalls wurde sich erst geprügelt, und wir durften mit dem Essen erst beginnen, nachdem zwei männliche Schließer herbeigeeilt waren und eine oder zwei Strafgefangene mit Gewalt abführten.
Das Essen konnte dann schon mal kalt sein.

Frühstück beendet. Aufstieg zu den Produktionsstätten.
Ich wurde dem Bereich Heißmangel zugeordnet. Hier standen mehrere große Bügeltische, welche aus Metall waren, keinen Stoffüberzug hatten und sehr heiß wurden. Man erklärte mir, wie ich Rohlinge (bildlich gesprochen, halbe Strumpfhosen) über dieses heiße Metallbrett zu ziehen hatte, dass ich sie kurz verweilen lassen und wieder abziehen sollte. Durch die Hitze wurde der Rohling

in Form gebracht und dies ermöglichte bzw. erleichterte später das Zusammennähen.

Ich glaubte es nicht. Meine Hände sollten dieses dünne Nylon, ohne Handschuhe über das heiße Metall ziehen und dann wieder zurück?

Ich sah mich um – ca. 10 Frauen taten es. Also tat ich es auch.

Diese Tätigkeit durfte ich eine Woche lang ausführen.

Meine Gedanken von damals: Hiernach hast du keine Fingerabdrücke mehr. Die sind für immer und ewig durch die Hitze gelöscht. Du kannst dann wirkliche Verbrechen begehen.

Heiße giftige Dämpfe stiegen auf. Die Belüftung war mangelhaft.

In dem Buch einer anderen, in Hoheneck Inhaftierten, las ich, die Zeit an der Heißmangel, sei „der Vorhof zu Hölle" gewesen.

Um mich herum war eine kleine, dicke, lustige Strafgefangene, die Material zu- und abtransportierte. Sie war gut drauf und erzählte, dass sie in zwei Monaten entlassen würde. Ich traf sie Monate später wieder.

„Nanu, noch immer hier?"

„Ja, ich habe mich verrechnet. Ich werde nicht in diesem, sondern erst im nächsten Jahr entlassen."

Ich arbeitete den dritten oder vierten Tag an dieser Höllenmaschine. Da betraten zwei neue Häftlinge den Raum. Eine von ihnen schaute sich um, sah mich und kam direkt auf mich zu.

Sie war blond, dünn und blass. Sie trug eine Latzhose, die ihr viel zu kurz war und machte insgesamt einen beklagenswerten Eindruck. Als sie neben mir stand, fragte sie mich im schönsten sächsischen Dialekt: „Bist du auch im Verwahrraum 12?" Als ich dies bejahte, wich sie nicht mehr von meiner Seite. Sie belegte das noch freie Bett neben mir.

Das Schicksal hatte mir Rosi geschickt, damit ich wieder eine Vertraute an meiner Seite hatte.

Wir beide wurden in unseren Betten im 3. Stock eine Art Staat im Staat.

Es war zwar offiziell verboten, während der Freizeit, also wenn nicht gearbeitet und keine Nachtruhe ausgerufen wurde, auf den Betten zu liegen, aber in Anbetracht der geschilderten Umstände wurde es geduldet. Es gab ja nicht einmal genügend Stühle für alle.

Jedoch mussten wir, wenn eine Wachtel oder ein Schließer den Verwahrraum betrat, in Reih und Glied zur Meldung bereitstehen. Das wiederum bedeutete: Während man aus dem Bett kletterte, bitte ordentlich anziehen, in den Rock oder die Hose springen, alle Knöpfe schließen, die Schuhe finden und anziehen, Haare richten und strammstehen.

Wir lagen dort oben und erzählten uns von unserer Zeugung bis zu Festnahme alles. Alles, alles, alles.

Rosi lebte mit ihrem Mann im „Tal der Ahnungslosen", das heißt in Dresden. Ihr Mann war aus meiner Sicht, ebenso wie mein Mann, der Vater des Gedankens, in den Westen zu fliehen. Sie hatten keine Kinder. Die Schwester ihres Mannes war Jahre zuvor in den Westen geflohen, lebte in Düsseldorf und erwartete sie beide. Sie beschlossen mit einem Boot über die Ostsee zu fliehen.

Durch den Ankauf eines Motors für ihr kleines Boot wurde man auf sie aufmerksam. Die Staatssicherheit beobachtete sie geraume Zeit und stand irgendwann vor ihrer Wohnungstür. Man bat sie mitzukommen „zur Klärung eines Sachverhaltes".

Sie beschrieb mir ihren Mann.
Ich beschrieb meinen Mann.

Da sagte sie irgendwann: „Also weißt du, wenn ich dich nicht inzwischen gut kennen würde, würde ich dir nicht immer glauben. So wie du deinen Mann beschreibst. So einen Typen gibt es doch in Wirklichkeit gar nicht."
Dieses Denken und diese Äußerung fand ich sehr interessant und habe sie bis heute positiv gespeichert.

Die Vielseitigkeit meines Mannes war ihr aufgefallen.
Noch in der ersten Woche erfolgte mit jedem Neuzugang ein diskretes Gespräch unter vier Augen. Meine Erzieherin, Frau Leutnant Eibisch (einzelne Namen sind haften geblieben), wollte mich kennenlernen.
Sie nahm sich Zeit. Ließ sich die komplette Fluchtgeschichte in Kürze erzählen und drückte dann sehr auf die Tränendrüse. Wenn ich mich gut führen würde, ordentlich wäre, meine Norm erfülle und sie nicht ärgere, dann könnte ich vielleicht früher wieder zu meinen Kindern zurück.

Sie gehörte zu denen, die den Ruf hatten, hart, aber gerecht zu sein. Beides habe ich erlebt.
Die härteste Strafe, welche ich durch sie erfuhr, war eine Paketsperre. Ich hatte mit zwei anderen, die verantwortungsvolle Tätigkeit Monatsbinden im gesamten Kommando auszuteilen, mit großer Hingabe erledigt. Da tauchte aus dem Nichts der Übermut auf. Eine von uns, die kleinste Strafgefangene, stieg in den großen, leeren Karton, und wir zwei anderen zogen sie quer über den Flur und lachten dabei. Das hatte Frau Oberleutnant gesehen, und wir wurden bestraft. Jede Art von Fröhlichkeit war unerwünscht.

Einmal im Monat konnte man ein Paket empfangen, was jedoch vorher beantragt und genehmigt werden musste.
Jede Woche durfte man einen Brief schreiben. Der Inhalt wurde streng zensiert. Keine Details zum Strafverfahren und keine Hin-

weise auf die Zustände im Strafvollzug, nur dann verließ er die Burg.

Man konnte auch ein bis zwei Briefe pro Monat erhalten. Wie viele ankamen, war abhängig vom Inhalt des Briefes und vom Verhalten des Empfängers.

Aus dem ersten Brief meiner Schwiegermutter erfuhr ich, dass mein Mann in Cottbus im Strafvollzug war.

Ich wartete auf Post meines Mannes. Er hatte mir während der U-Haft nicht geschrieben. Und auch hier erreichte mich nur ein Brief während der gesamten Haftzeit von ihm.

Dieser Brief ist noch in meinem Besitz. Geschrieben wurde er am 1.1.1982. In einem vorherigen Brief an ihn, wirkte ich wohl sehr instabil. Ein besseres Wort fällt mir nicht ein. Dieser Brief war in der Vorweihnachtszeit geschrieben …

„Du darfst nicht zweifeln. Lass dich nicht nervös machen. Wir haben ein Ziel und werden dieses Ziel gemeinsam erreichen" sind nur einige Passagen aus seinem Brief.

Als wir wieder in Freiheit waren, erklärte er, dass er mir mit Absicht nicht geschrieben habe. „Daraus konnten sie immer die Gemütslage ablesen. Das wollte ich nicht. Und außerdem war man damit erpressbar. Wenn etwas nicht gut lief, dann hieß es sofort „Postsperre."

Nach einer Woche an der Heißmangel wurde ich Näherin.

Diese Arbeit war ebenso unvorteilhaft.

In einem großen Saal standen fünfzig große, alte, laute Nähmaschinen. Daran saßen die Gefangenen und nähten zwei Hälften zu einer Strumpfhose zusammen. Wir unterschieden mit und ohne Zwickel. Die Maschine nähte, säumte und schnitt gleichzeitig.

1.000 bis 1.200 Strumpfhosen pro Schicht waren die Norm.

Auch hier war der erste Gedanke „Das schaffe ich nie." Aber ich schaffte es. Ich saß, schaltete meinen Stoffwechsel runter und arbeitete.

Die Gedanken sind frei!

Ich träumte mich in Gedanken nach Hause in unsere Wohnung oder auf unseren Hof. Ich stellte mir vor, wie die Kinder von Oma Gisela versorgt und betreut wurden. Ich stellte mir vor, wie sie in ihrem Kinderzimmer spielten. Ich erinnerte mich an schöne Momente mit meinem Mann aus unserem bisherigen Leben. Es gab genug davon.

Die Zukunft konnte ich mir nicht konkret ausmalen.

Ich wusste nur, es wird schwierig, aber gut.

Wir wurden von zivilem Personal angeleitet und beaufsichtigt. Wir durften während der Arbeit nur mit deren Erlaubnis und im Ausnahmefall zur Toilette gehen.

Noch heute begutachte ich neue Strumpfhosen auf die Qualität der Nähte und der Abschlüsse. Es sind schon einige „Erinnerungsmacken" geblieben.

Rosi und ich waren im gleichen Kommando. Wir arbeiteten in der gleichen Schicht. Es gab die Früh-, die Mittags- und die Nachtschicht. Die Nachtschicht war die unangenehmste, denn wenn man tagsüber schlafen wollte, war durch den offenen Vollzug sehr viel Unruhe in der Zelle und auf dem Flur. War eine Inhaftierte arbeitsunfähig, blieb sie den ganzen Tag im Verwahrraum und konnte sich ja nicht unsichtbar machen. Die anderen Zellen hatten andere Schichteinteilungen. Deren Meldungen vor Arbeitsbeginn oder bei Schichtende waren lauthals auf dem Flur zu hören. Auf dem Freihof wurde gesprochen und gerufen. Es gab zu viele Geräuschquellen.

Die Wege zur Arbeit, zum Essen oder zum Freihof waren lang und führten ständig treppauf und treppab. Mitunter war langes

Warten auf diesen Treppen angesagt, bevor die nächste, schwere Eisentür zu dem Flur, der zu durchqueren war, aufgeschlossen wurde. Wir waren müde. Es war kalt. Und dann stand man eine Stunde und länger eng aneinander gequetscht in einer Traube von vielen, laut schimpfenden, Frauen. Grausam. Woran das Warten lag, verschloss sich uns. Eine korrekte Antwort gab es nie. „Die anderen Kommandos sind schuld", hieß es mitunter. Wir glaubten aber alle, das gehörte zum System. Es wurde mit Bedacht so gehandelt, um uns zu erniedrigen.

Innerhalb der letzten vier Jahrzehnte hatte ich vier oder fünf Mal den gleichen Traum: Ich stehe mit vielen Frauen auf einer engen, steil nach oben führenden Treppe. In mir steigt Verzweiflung auf, denn ich muss wieder ins Gefängnis. Ich bin unglücklich und denke, nein, nicht schon wieder. Aber dann kommt der Gedanke: nimm dich zusammen, du hast das schon einmal geschafft, du schaffst das auch diesmal.
Dann werde ich wach.
Ich glaube in diesem Traum spiegeln sich zwei Dinge wider: erstens die Haft an sich und zweitens dieses lange Warten auf den Stufen in der Burg.

Wir trugen Kleidung, in der wir nicht vorteilhaft aussahen. Zu enge oder zu weite Röcke. Zu kurze oder zu lange Hosen. Blusen aus steifen Stoffen. Dunkle Pullover aus kratzigen Materialien.
Das Schlimmste war jedoch der Gesamteindruck, den wir abgaben, wenn wir in unseren langen schwarzen Mänteln, mit den schwarzen Kopftüchern auf dem Kopf, im Innenhof, dem Freihof, unsere Runden drehten. Wir durften zwar auch stehen bleiben, doch die meisten zogen es vor, sich zu bewegen. Es mangelte an Bewegung. Außerdem konnte man sich dabei besser unterhalten.

Man konnte mit anderen Häftlingen Blicke und Worte wechseln. Und man konnte sogar Kassiber ungesehen weitergeben.

Kassiber laut Wikipedia: „… eine geheim gehaltene schriftliche Mitteilung eines Gefangenen an andere Gefangene oder aus dem Gefängnis heraus an die Außenwelt".

Ich schrieb Kassiber an Uschi und sie sandte mir welche. Sie war auch in Hoheneck angekommen. Gehörte aber zu PLANET, da ihr Urteil höher war als meines. Wir schrieben nichts Bedeutungsvolles, aber alleine der Kick, es zu tun, war höllisch gut.

Die Absprache, Kontakt miteinander aufzunehmen, nachdem wir in Freiheit sind, wurde bereits in U-Haft getroffen. Wir hatten Adressen im Kopf gespeichert vom Onkel, von der Schwester oder sonst wem, welche heute noch darin zu finden sind.

Auf dem Freihof lernte ich neue Frauen kennen. Rosi kannte zwei aus ihrer U-Haft. Sie wussten, wenn oben, an den beiden nicht vergitterten Fenstern Licht brannte, dann arbeitete dort die Staatssicherheit und es würde bald wieder ein Transport gehen.

Transport – unser Lieblingswort.

Transporte in den Westen gingen zu meiner Zeit Gott sei Dank ziemlich regelmäßig. Sie waren das Ergebnis zäher Verhandlungen zwischen Ost- und Westdeutschland auf höchster Ebene.

Die Menschen wurden freigekauft.

An dieser Stelle bemühe ich erneut Wikipedia: „Als Häftlingsfreikauf bezeichnet man den Freikauf politischer Häftlinge aus der DDR durch die Bundesrepublik Deutschland. Für die Freilassung politischer Gefangener verzichtete die DDR bei selektierten Haftfällen auf einen Teil des Haftanspruchs, wofür die Bundesrepublik die DDR durch Devisen, vornehmlich jedoch durch geldwerte Leistungen in Form von Warenlieferungen entlohnte. Im Westen wurden diese von Rechtsanwälten eingefädelten Transaktionen von den beteiligten Akteuren und in der Öffentlichkeit als Menschenhandel bezeichnet. In der DDR durfte über den Menschenhandel mit der Bundesrepublik nicht gesprochen werden. Daran anschließend forderte die SED-Führung Diskretion von der Bundesrepublik, sukzessive Einschränkungen der Pressefreiheit. Die westdeutschen Medien hielten sich mit der Berichterstattung dann auch etwas zurück, um das Zustandekommen der in größerem Umfang geplanten Freikäufe politischer Häftlinge nicht zu gefährden. Auf die informierte DDR-Bevölkerung übte die Freikaufoption eine große Sogwirkung aus, weil sich an der menschenrechtsverletzenden Situation in der DDR nichts änderte. Viele Akademiker und Facharbeiter gelangten über den Umweg des Häftlingsfreikaufs in den Westen. Auf eigenen Wunsch wurden die freigekauften Gefangenen in die Bundesrepublik ausgebürgert; oft direkt aus der Haft heraus und ohne sich vorher von ihren Angehörigen oder Mithäftlingen verabschieden zu können.

Der Häftlingsfreikauf begann Ende 1962 und endete im Herbst 1989 mit der Freilassung der politischen Gefangenen in der Zeit der Wende. Zwischen 1964 und 1989 wurden insgesamt 33.755 politische Häftlinge für mehr als 3,4 Milliarden DM freigekauft. Außerdem wurden etwa 250.000 Ausreisewillige freigekauft, das waren Menschen, die einen Ausreiseantrag gestellt hatten. Tatsächlich wurden so über 8 Milliarden DM an die DDR gezahlt."

Plötzlich fehlten Frauen aus unserer Mitte, und wir freuten uns wahnsinnig. Wenn es stagnierte, das heißt, wenn zwei oder drei Wochen keine Frauen auf Transport gingen, dann sank die Stimmung.

Ich lernte auf dem Freihof Frauen kennen, die unterschiedliche Wege beschritten, jedoch alle nur ein Ziel hatten. Sie wollten, wie ich, in den Westen.

Vier Frauen wollten mit ihren Männern gemeinsam fliehen. Eine verriet den Plan. Alle vier waren hier in Hoheneck.
Purer Hass herrschte zwischen ihnen.
Weitere vier Frauen hatten zusammen mit ihren Familien schon lange Zeit einen Ausreiseantrag gestellt und es geschah nichts. Da bemalten sie ein großes Transparent mit ihren Wünschen, Sorgen und Vorhaben. Sie schmuggelten dieses Transparent nach Westberlin und ließen es dort im Zentrum aushängen. Dieser Gang an die Öffentlichkeit brachte ihnen Urteile von 12–14 Jahren Haft ein. Seit fünf Jahren waren sie in Hoheneck.
Andere Begegnungen blieben in Erinnerung, weil sie berichteten, „zu Hause hat eines meiner Kinder gerade Konfirmation bzw. Jugendweihe, und mein Mann und ich sind nicht dabei".
Es gab so viele schlimme Schicksale, dass ich mein eigenes oder unser eigenes als erträglich bewerte.

Natürlich waren nicht alle so gehorsam wie ich …
Es gab viele Möglichkeiten Verbote zu ignorieren oder Anweisungen zu missachten. Es gab Häftlinge, die verweigerten die Arbeit mit der Begründung „für diesen Staat rühre ich keinen Finger mehr".
Das waren dann die Frauen, welche im Arrest in Dunkel- und Einzelhaft landeten. Schreie aus diesen Gewölben habe ich öfters gehört.

Eine schlimme Szene während der Pause auf dem Hof wurde von zwei Frauen inszeniert, die sich prügelten und die durch Worte nicht zu trennen waren. Es erschienen zwei Schließer, die mit Hilfe von Gummiknüppeln und fürchterlichen Schlägen die beiden auseinander brachten und abführten. Stunden später hieß es, beide säßen im Arrest und eine von beiden hatte durch die raue Behandlung der Herren einen gebrochenen Arm. Für den Aufenthalt in einer Arrestzelle waren drei Tage das Minimum und einundzwanzig Tage das Maximum.

Immer wenn wir vom Freihof oder von der Arbeit zurück in unsere Zellen kamen, lag die Gefahr in der Luft, dass eine Razzia stattfand. Razzia bedeutete, dass alles im Verwahrraum durchwühlt und durchsucht wurde. Es stand nichts mehr an Ort und Stelle. Kein Kleidungsstück lag mehr zusammengefaltet im Schrank. Vor dem Schrank auf dem Boden lag es nun, zusammen mit allen bereits beschriebenen, möglichen persönlichen Habseligkeiten. Darüber hinaus waren die Betten von den Bezügen befreit und die Matratzen lagen ebenfalls wild auf dem Boden. Alle Schuhe waren ein großer Haufen, den es auseinander zu sortieren galt. Briefe waren verschwunden oder durch Schmutz und Flüssigkeiten unkenntlich gemacht. Bilder/Fotos ebenso. Und die selbst kreierten kleinen Kunstwerke aus den Stoffresten vom Kommando Planet waren ganz verschwunden. Darüber weinte manche ganz besonders schlimm, viel und laut.
Ich habe in meiner Zeit auf Hoheneck drei Razzien erlebt.

Der Höhepunkt war allerdings eine Razzia, die nicht nur dem Inhalt unserer Räume und Schränke galt, sondern dem, was wir am Leib trugen.
Wir wurden nach der Frühschicht in die Tiefe der Burg geführt. Vorbei an vielen, alten zischenden, dampfenden Gas- und Wasserleitungen. Endlos lange Gänge und jede Menge Eisentüren, die für uns aufgeschlossen und nach uns zugeschlossen wurden, passierten wir. In einem spärlich beleuchteten, gekachelten Raum angekommen, wurden wir aufgefordert uns komplett auszuziehen. An der Wand standen Holzbänke, darauf legten wir unsere Kleidung ab. Als alle nackt waren, führte man uns in einen weiteren gekachelten Raum und schloss hinter uns ab. Dieser Raum war gerade

mal so groß, dass wir 24 Frauen eng gedrängt nebeneinander stehen konnten. Es war kalt, wir froren und sahen uns um. Dies war eine Dusche. Oben an der Decke waren diverse Duschköpfe.

Alle dachten an den Holocaust ...

Vor dem Gitter wurde unsere Kleidung in aller Ruhe gründlich durchsucht.

Die Wachteln ließen sich Zeit.

Dann gingen sie weg.

Eine ganze Stunde haben wir in dieser Situation verbracht.

Diese Zeit war erforderlich, denn oben in der Zelle war ebenfalls Razzia. Gefunden hatten sie an diesem Tag, außer ein paar Kassibern nichts.

Das Nähen der Strumpfhosen war für mich machbar. Ich hatte bereits als Teenager den Umgang mit einer Nähmaschine gelernt und mir eigene Kleidung genäht. Langsam steigerte ich die Stückzahl und erreichte dann wirklich die geforderten 1.000 Strumpfhosen pro Schicht.

Das waren 125 pro Stunde bzw. zwei pro Minute.

Jeder Gang zur Toilette war daher kontraproduktiv.

Die Produktionshallen lagen in den oberen Stockwerken. Hier waren die Fenster ebenfalls vergittert und undurchsichtig. Der Blick durch diese Fenster hätte wohl zu weit in die Ferne geführt und zu viel Sehnsucht nach Freiheit erzeugt. Neonlicht, schlechte Luft und Lärm gehörten zu den Arbeitsbedingungen. Sowohl Frauen als auch Männer bildeten das private Wachpersonal während der Produktion. Sie wurden als „Lenkungskräfte" bezeichnet. Es waren Nette und weniger Nette darunter. Den weniger Netten machte es Freude, den Gang zur Toilette zu verbieten oder den Häftling vor allen anderen lauthals zu ermahnen, zu beschimpfen oder zu kritisieren.

Doch ich war in Sicherheit vor ihnen, da ich die Norm schaffte.

Ich wollte hier raus.
Ich wollte mit meinem Mann und meinen Kindern in den Westen.

Ich hatte einmal Besuch von meinen Eltern und einmal von meinen Schwiegereltern. Sie reisten immer zu zweit an, aber nur eine Person durfte mit mir sprechen und mich sehen. Besuchstage waren aufregend. Es herrschte große Betriebsamkeit. Haare wurden gewaschen und auf Klopapier onduliert. Kleidung wurde untereinander getauscht. „Das passt mir besser, das steht dir besser." Als ob das etwas ausgemacht hätte.
Es gab vereinzelt Besitzerinnen von Make-up, Lidschatten oder Lippenstiften. Die meisten rieben sich jedoch die Wangen und die Lippen so lange, bis sie rot waren und die Augen und die Augenbrauen wurden mit abgebrannten Streichhölzern geschwärzt. Fertig.
Manche kam vom Sprecher zurück und war überglücklich. Eine andere weinte danach drei Tage lang. Ihr Mann wollte die Scheidung.

Mein größtes Interesse bei diesen Besuchen war es stets, zu erfahren, wie es den Kindern geht. Immer hörte ich, dass sie keine Probleme bereiten würden und dass sie in den Kindergarten und in die Schule gingen, so als sei nichts geschehen. Sie spielten mit ihren Freunden, aßen gut und hörten auf Oma und Opa.
Ich wurde nur auf diesem Weg über den „Zustand" meines Mannes informiert. Meine Schwiegereltern hatten ihn in Cottbus besucht. Es ging ihm gut. Er ließ mich grüßen.
Eine Thüringer Wurst, etwas Süßes, Creme, Seife, eine Strickjacke und ein paar warme Winterstiefel bekam ich überreicht und durfte alles behalten (was keinesfalls selbstverständlich war).
Nach dem Besuch meiner Eltern und Schwiegereltern bekam ich immer ein schlechtes Gewissen.

Meine Schwiegermutter hielt sich in Hoheneck sehr zurück mit lockeren Sprüchen. Auch auf sie hatte die Atmosphäre wohl eine einschüchternde Wirkung. Mein Vater wurde einmal durch das Wachpersonal so erniedrigend und schlecht behandelt, dass er noch Jahre später darüber sprach und nicht fertig wurde zu berichten, dass sie ihn wie einen kleinen dummen Jungen gemaßregelt hätten.

Vom Sprecher zurück in der Zelle, mit all den Schätzen, welche man vom Besuch bekommen hatte – auch das barg Probleme. Mit wem teilt man was? Isst man alles alleine auf?
Nein, man speiste zusammen, mit wem man sich gut verstand.
Regina hatte einen Tick. Sie ließ sich Blauschimmelkäse von ihrer Mutter mitbringen. Bis dato hatte ich wohl schon Blauschimmelkäse gesehen, aber noch nie gegessen. Sie sagte: „Ich würde dafür morden." Also musste er gut sein. Auch ich probierte und siehe da, seitdem esse ich ihn sehr gerne.
Rosi brachte man Spezialitäten aus dem Erzgebirge und mir aus Thüringen mit. Es wurde alles sehr schnell aufgegessen. Erstens hatten wir Heißhunger auf solche feinen Sachen, und zweitens lag ständig die Gefahr einer Razzia in der Luft. Dann könnte der kulinarische Schatz am Boden im Schmutz liegen. Dieses Risiko gingen wir lieber nicht ein.

Von den Frauen um mich herum hatten sich längst nicht alle so prägnant verhalten, dass ich noch heute an sie denke oder ihre Namen noch wüsste. Ein paar sind jedoch in der Erinnerung geblieben.
Da war Hella, unsere Verwahrraumälteste. Sie war ein Bild von einer Frau. In Hoheneck gab es Haushandwerker. Das waren wenige männliche Strafgefangene, die in einem separaten Teil der Burg untergebracht und inhaftiert waren. Wenn zwei solche

Haushandwerker in unserer Zelle kleinere Reparaturen durchführten, sahen sie 24 Frauen. Aber sie hatten nur Augen für eine, für Hella.

Hella wurde ein wenig meine Vertraute und ich die ihre. Wir konnten gut miteinander. Hella war lesbisch. Wenn Rosi nicht da war, saß sie mitunter bei mir auf dem Bett und erzählte mir Auszüge aus ihrem Leben und die Geschichte, warum sie hier war.

Sie lebte in Ost-Berlin. Ihre Mutter war lesbisch und zog sie ohne Vater groß. Die beiden betrieben ein Café im Zentrum Ost-Berlins, in dem vorwiegend Schwule und Lesben verkehrten.

1968, also bereits ein Jahr vor der Bundesrepublik, wurden in der DDR homosexuelle Kontakte zwischen Erwachsenen legalisiert. Sie wurden zwar strafrechtlich nicht mehr verfolgt, dafür standen sie aber unter strengster Beobachtung der Stasi. Nicht nur ihre Treffpunkte, die in der früheren DDR verboten waren, wurden genauestens observiert. Sie galten ja als Orte, gerade in Berlin, an denen Ost-West-Kontakte geknüpft wurden. Auch die einzelnen Homosexuellen wurden registriert und immer wieder zu Verhören geladen.

Aber das war nicht Hellas Problem.

Hella wollte nicht lesbisch sein.

Sie lernte einen tollen Mann kennen, der sie verwöhnte und auf Händen trug. Sie heirateten sogar.

„Immer, wenn er Sex mit mir wollte, habe ich mir eine schwierige Aufgabe für ihn ausgedacht. So bat ich ihn zum Beispiel nachts um 2 Uhr um ein Glas eines ganz besonderen Sektes, den es in der DDR kaum gab. Er zog los und besorgte im nächtlichen Ost-Berlin diesen Sekt für mich. Ich hatte alles, was ich brauchte und was das Herz begehrt. Aber ich war unglücklich und so wurde ich übermütig und habe mit drei Freundinnen eine Bank überfallen." Alle vier wurden gefasst und jede bekam eine Haftstrafe von mehr als vier Jahren.

Dann eine zweite Hella. Sie sah aus und bewegte sich wie Miss Piggy. Vor allen Dingen trug sie die Haare genauso. Und sie warf den Kopf und das Haar sensationell zur Seite und nach hinten, genau wie Miss Piggy. Sie war Buchhalterin und hatte Gelder für den Eigenbedarf unterschlagen. Wie auch immer. Sie war lustig, gemütlich, mütterlich und ist bis heute in meinem Gedächtnis.

Auch über Ilse und Ernst will ich berichten. Ilse hieß Ilse und war eine Frau. Ernst war auch eine Frau, ihr wirklicher Name offenbarte sich mir jedoch nie. Sie wurde Ernst genannt, weil sie aussah wie Ernst, das heißt, wie ein Mann. Die beiden waren etwa vierzig Jahre alt und lebten zusammen in unserer Zelle wie ein Ehepaar. Auf vier Quadratmetern. Zwei nebeneinander stehende Betten im unteren Bereich eines Dreifachbettes waren der Hauptaufenthaltsort der beiden. Sie gingen zärtlich miteinander um. Hielten oft Händchen. Teilten alles miteinander. Ilse verwahrte für beide die Gelder und bestimmte den Einkauf. Und nachts, nachts hatten sie Sex zusammen, den die gesamte Stube optisch und akustisch verfolgen konnte. Sie machten einen autoritären, durchsetzungsstarken Eindruck. Sie taten keinem etwas und niemand tat ihnen etwas.

„Kuddel" war der kleine süße Assi, den man teils als Kind, teils als Frau und teils als jungen Mann wahrnahm. Sie war schon öfter im Knast gewesen und hatte einiges zu erzählen aus diversen Strafvollzugsanstalten. Trotzdem war sie immer zu Scherzen aufgelegt und brachte Stimmung in die Bude. Manchmal auch Streit. Sie war in allen Verwahrräumen zu Hause, hüpfte ständig hin und her und hatte in jeder Zelle mindestens eine Freundin.

Meinen eigenen Stellenwert, den ich inzwischen unter meinen Zellengenossen erworben hatte, erkannte ich, als Kuddel sagte: „Wenn Ilona das sagt, dann wird das so gemacht." Mein Urteil, von ihr akzeptiert, war eine Aussage.

Lauthals verkündete sie mehrmals: „Nie wieder in den Knast. Hoheneck hat mir den Rest gegeben." Kurz vor meiner Entlassung hörte ich, Kuddel sei wieder im Zugang.

Mein rechter Fuß schwoll an. Es begann in U-Haft und verstärkte sich in Hoheneck. Ich meldete es meiner Erzieherin und diese sagte: „Sie bekommen Bescheid, wann sie ins GW können." GW war der umgangssprachliche Ausdruck für Gesundheitswesen und benannte einen separaten Trakt, in welchem kranke Häftlinge ärztlich versorgt wurden.

Es vergingen zwei Wochen, bis ich ins GW geholt wurde. Mindestens 10 Frauen aus mehreren Verwahrräumen wurden auf dem Flur gesammelt und nach langem Warten, unter starker Bewachung dorthin geführt. Wieder ging es treppauf, treppab. Nie hatte ich eine genaue Orientierung, wie und wo man uns eigentlich herumführte.

Es warteten bereits sehr viele Frauen auf eine Behandlung, als wir dort ankamen. Während des Wartens sah ich mich um. Es waren trostlose, ungepflegte Räumlichkeiten.

Alle dort behandelnden Ärzte kamen von außerhalb auf die Burg und waren nur an bestimmten Tagen hier. Die Schwestern, Helfer und Pflegekräfte waren weibliche Häftlinge, welche ständig vor Ort waren. Sie gaben Tabletten aus, verabreichten Spritzen, wechselten Verbände und so weiter.

Es gab einen Vorhang, hinter dem stand ein Eimer. Wenn eine wartende Strafgefangene auf die Toilette musste, so konnte sie nicht einfach eine Toilette aufsuchen, denn vermutlich war in diesem Trakt keine vorhanden. Sie wurde auch nicht zu einer Toilette geführt, da hätten die Wachteln ja viel zu tun gehabt.

Nein, sie konnte auf dem Eimer …

Es ist wahr.

Frau Major Guhl (so der Name der Ärztin) schaute sich meinen Fuß genau an. Sie verschrieb mir Wassertabletten und erteilte mir eine Liegeerlaubnis. Nun durfte ich mit ärztlicher Erlaubnis das tun, was alle taten, nämlich während der Freizeit auf dem Bett liegen.

Es gingen ständig Frauen, teils weil ihre Haftzeit beendet war, teils weil sie es geschafft hatten, trotz und mit dem Paragraphen 213 in den Westen zu gelangen. „§ 213" ist neben „RF" ein weiteres Kürzel für Häftlinge, die aus der DDR fliehen wollten.

Es kamen aber auch ständig neue Frauen hinzu.

Die Zeit zog vorüber, und es ging langsam auf Weihnachten zu. Der Winter brachte im Erzgebirge viel Schnee. Die Burg Hoheneck lag auf einem Berg. Der Wind pfiff, der Schnee stürmte. Die Mauern waren kalt. Selbst in den Betten wurden wir nicht warm, zumal Rosi und ich direkt neben einem Fenster lagen, das alt und nicht gut isoliert war. Wir konnten zwar, auf dem Bett liegend, das Geschehen auf dem Freihof beobachten, fanden es aber dauerhaft nicht wirklich interessant.

Eines Tages war uns allen auch am Tage sehr kalt. Die Heizung schien nicht zu funktionieren. Da erreichte uns die Botschaft: „Jetzt macht keinen Aufstand. In der Heizung feiern sie heute Hochzeit …"

Zwei weibliche Häftlinge vom Hauspersonal hatten geheiratet.

Natürlich nicht offiziell und nicht wirklich. Neben der inoffiziellen Trauung fanden aber auch Feierlichkeiten statt. Mit Sicherheit gab es Kekstorte und aus Brot gebrauten Wein. Und neben diesen

Feierlichkeiten wurde vergessen, die Heizung mit Kohlen zu bestücken.

Zum Hauspersonal zählten die Frauen, welche in der Küche, in der Wäscherei, in der Heizung oder im Gesundheitswesen arbeiteten.

Weihnachten im Knast war nichts für schwache Nerven.

Und genau von diesem Zeitraum fehlen mir erneut Details.

Der Heilige Abend war an einem Donnerstag. Demzufolge war der erste Feiertag ein Freitag, der zweite ein Samstag und der sowieso freie Sonntag schloss sich dem an. Eine Feierstunde im Kino- und Versammlungsraum krame ich aus meinem Gedächtnis. Ein etwas besseres Essen und ganz viel Schlaf. Vielleicht hatte ich meinen Stoffwechsel wieder herunter gefahren und viel geschlafen, um an nichts zu denken.

Im Brief meines Mannes vom 1. Januar 1982 beschreibt er das „Fest der Liebe" ebenso. Er habe fast nur geschlafen; neben sich ein Bild von den Kindern und eines von mir.

Ich hatte nach der U-Haft das Bild meiner Kinder in Besitz nehmen können. Ein Bild meines Mannes besaß ich die ganze Zeit über nicht.

Da fällt mir ein, es gab eine Orgel und einen Raum für Gottesdienste auf der Burg.

Es gab auch einen Pfarrer. Gleich zu Beginn, bei den ersten Gesprächen mit meiner Erzieherin, hatte ich gewünscht an den sonntäglichen Gottesdiensten teilnehmen zu können. Sonntags um 10 Uhr hatte ich mich einige Mal fertig gemacht und wartete darauf, zum Gottesdienst geholt zu werden. Doch nichts geschah. Fragte man nach, so schob eine Wachtel die Verantwortung auf die andere und der Eindruck festigte sich, Gottesdienstbesuche waren nicht gewollt. Also hegte ich auch Weihnachten nicht die Hoffnung an einem solchen teilnehmen zu können.

Weihnachten war überstanden.
Silvester auch.

Ein neues Jahr begann.
1982 wurde das Jahr, in dem ich in den Westen kam.

Es war gut zu beobachten, dass viele Frauen kurz vor oder kurz nach der Hälfte ihrer Haftzeit auf Transport gingen.
Ich ließ mir nichts zuschulden kommen.
Ich erfüllte meine Norm.
Ich betete zu Gott.

Meine Schwiegermutter schrieb mir verschlüsselt, dass Onkel Erich und Heiner sehr aktiv seien und sich um unsere Belange kümmerten. Das brachte mir Hoffnung und Zuversicht, denn nur wenn im Westen die richtigen Anwälte und die richtigen Behörden über unserer Inhaftierung informiert sein würden, konnten wir auf eine vorzeitige Entlassung hoffen.

In den ersten Monaten des neuen Jahres war der Knast Alltag für mich geworden. Den Stubendienst hatte ich inzwischen auch schon zweimal absolviert. Für Ordnung zu sorgen, das bedeutete darauf zu achten, dass alle Schuhe korrekt in Reih und Glied standen und dass die Mäntel akkurat auf der Kleiderstange hingen. Zugeknöpft, bitte. Außerdem war der Boden zu fegen und zu wischen. Die wenigen Schränke vom zu Staub befreien und die Spiegel, Waschtröge und Toiletten zu putzen. Die Erzieherin kam stichprobenweise in die Zelle und kontrollierte all das. Dann vergab sie Punkte. Am Ende der Woche mussten die Bewohner aller Zellen auf dem Flur antreten und die Zelle mit den meisten Punkten wurde gelobt und die mit den wenigsten getadelt. Wieder eine Assoziation zum Kindergartendasein.

Oft und sehr gerne sprachen die Häftlinge über eine Amnestie. Es wurden Prophezeiungen in Umlauf gebracht. „Im Frühjahr kommt eine Amnestie. Ich weiß es ganz genau", hieß es, und es wurden sogar passende Erklärungen dazu geliefert.
Immer wenn das Wort Amnestie fiel, bekam ich jedoch Schweißausbrüche, Angst und Schüttelfrost.
Für meinen Mann und mich wäre das ein grausames Ereignis, wurde doch im Urteil verkündet: „Für beide ist das Wohnrecht in Grenzgebieten der DDR auf Lebenszeit verboten."
Unser Dorf bei Eisenach liegt nur wenige Kilometer von der Grenze entfernt. Wo hätten wir dann wohnen sollen? Und überhaupt, bloß nicht wieder einen Schritt zurück in die DDR.

Der 1. März war ein trauriger Tag. An diesem Tag wurde mein großer Sohn neun Jahre alt. Aus einem Brief erfuhr ich später, dass Kindergeburtstag gefeiert wurde mit allem Drum und Dran. Es gab Kuchen und Geschenke. Alle Omas und Opas, Tanten und Onkel sowie die Nachbarn hatten ihn hochleben lassen.
Die Kinder legten den Briefen an Mama handschriftliche Grüße und selbstgemalte Bilder bei.
Ähnliches ereignete sich bereits Ende September des vergangenen Jahres, als unser jüngster Sohn fünf Jahre alt wurde.

Am 7. April hatte ich Geburtstag und wurde 30 Jahre alt.
Für mich wurde eine Keks-Apfelmus-Torte gebacken. Und ich bekam sogar Geschenke. Auf Umwegen erreichte mich ein Döschen mit Lidschatten und ein Kassiber mit ganz lieben Worten. Es war von Uschi. Rosi schenkte mir einen selbstgehäkelten Brustbeutel.

Ein Slip und eine Tüte Bonbons waren weitere Geschenke von Vertrauten aus der Zelle.

Mein 30. Geburtstag, und ich saß hier. Zu Hause hatten wir jeden Geburtstag zum Anlass genommen, um kräftig zu feiern. Das würden wir später wieder tun!

Am Nachmittag musste Rosi ihre Sachen packen und ging auf Transport.

Auch das war ein Geschenk zu meinem Geburtstag, denn ich freute mich für sie. Sie hatte es geschafft.

Eine neue Zellengenossin wurde meine neue Bettnachbarin. Wir unterhielten uns. Sie war nett, aber sehr verschlossen. Auch sie saß wegen RF. Ihre Nerven lagen blank. Wir vertrugen uns.

Mehr kann ich dazu nicht mehr aussagen.

Zwei Wochen später, am Abend des 21. April nahm mich Hella, die Verwahrraumälteste, zur Seite. Ganz aufgeregt sagte sie zu mir:
„Ich dürfte es dir nicht sagen … wenn es rauskommt, dass ich es dir gesagt habe, bekomme ich ganz großen Ärger …

Aber, du bist morgen beim Transport dabei."
Ich konnte es nicht glauben.

Wir hatten Nachtschicht.

Ich befürchtete, mein Kreislauf könnte versagen.

Ich durfte mir nichts anmerken lassen.

„Verwahrraum 12, raustreten zur Nachtschicht!"
„Verwahrraum 12 mit 24 Strafgefangenen zur Nachschicht bereit!"

Durchzählen. Mein Name wurde genannt.

Ich nannte mein Geburtsdatum als Kennung.

Würde ich das alles wirklich zum letzten Mal durchexerzieren?

Nun saß ich an der Nähmaschine mit einem Wissen, das ich nicht haben durfte. Mein Blut schoss durch alle Kanäle. Mein Kopf wurde hochrot.

Das Wachpersonal wurde auf mich aufmerksam.

„Ist Ihnen nicht gut? Sind Sie krank? Haben Sie Fieber? Sollen wir Sie zum Arzt bringen?"

Fragen prasselten auf mich ein. Bloß nicht verraten.

„Nein, es geht mir gut, machen Sie sich keine Sorgen."

Der Gedanke, dass dies die letzte Schicht, die letzte Nacht sein sollte, raubte mir fast den Verstand.

Als wir am Morgen in die Zelle einrückten, hieß es sofort: „Strafgefangene Soßdorf – Sachen packen und mitkommen!"

Inzwischen war ich etwas abgekühlt, packte meine Sachen und verteilte meine kleinen Schätze, wie Kosmetik, Süßigkeiten, Brustbeutel etc. aus Dankbarkeit an Hella und andere.

Dann verließ ich den Verwahrraum mit all meinen, in die Bettwäsche eingewickelten, Habseligkeiten.

Letzte Station Karl-Marx-Stadt

Mit sechs weiteren Frauen wurde ich in die Schleuse gebracht. Die Schleuse, das waren mehrere kahle, graue Räume, die eigentlich nur aus Wänden bestanden. Hier warteten wir Stunden über Stunden. Alle waren geduldig und genügsam, denn wir wussten, es geht gen Westen.

Auch das gehörte zum „Allgemeinwissen" unter den Häftlingen, die letzte Hürde hieß Karl-Marx-Stadt (heute wieder Chemnitz). Alle Ausreisewilligen bzw. freigekauften Häftlinge wurden vor ihrer Ausreise in Karl-Marx-Stadt gesammelt und gingen von dort aus endgültig auf Transport in die Bundesrepublik.

Wir wurden noch einmal zum Duschen geholt, und noch einmal wurde eine gründliche Leibesvisitation durchgeführt. In der Effektenkammer gaben wir die Anstaltskleidung, die Bettwäsche, die Bettdecke, den Mantel, das Kopftuch und alle sonst noch liebgewonnen Dinge (*ich spinne*) zurück und erhielten im Gegenzug unsere private Kleidung und unsere privaten Habseligkeiten ausgehändigt.
Diesmal bekamen wir sogar ein Verpflegungspaket für unterwegs.
Und wieder ging es ab in die Schleuse. Noch einmal warten.
Irgendwann ging das Tor auf. Im Zwischenhof stand eine Minna.
Wir stiegen ein und wurden zum Bahnhof gebracht.
Noch ein letztes Mal führte man uns unter scharfer Bewachung zu einem Zug mit Milchglasscheibenfenstern.

Mein Mann weiß später zu berichten, dass dieser Zug, in dem Häftlinge transportiert wurden, den klangvollen Namen „Grotewohl-Express" hatte. Otto Grotewohl war von 1949 bis 1964 der erste Ministerpräsident der Deutschen Demokratischen Republik.

In der Nacht vom 22.4.1982 kamen wir in Karl-Marx-Stadt an.
Karl-Marx-Stadt, das bedeutete Abschiebehaft oder Auslieferungsgefängnis der Staatssicherheit.
Nun waren wir noch einmal in ihren Fängen.

Sofort kam mir der Gedanke: Ist mein Mann schon hier?
Fünf Frauen, mit mir sechs, in einer Zelle. Alle freuten sich, hier zu sein. Es herrschte Hochstimmung
Keine dieser Frauen ist in meinem Gedächtnis haften geblieben.
Ich war wohl zu aufgeregt oder die Zeit war zu kurz.

Insgesamt verbrachten wir 20 Tage in dieser letzten „Herberge".
Es war stets laut und sehr geräuschvoll in diesem Gefängnis.
Tür auf, Tür zu. Treppauf, Treppab. Lautes Reden und laute Rufe
waren Tag und Nacht zu hören. Unsere Männer müssten hier sein.
Der tägliche Hofgang wurde genutzt, um zu klären, wer anwesend
war.
Unsere Männer riefen unsere Namen, und wir antworteten laut
und ungehemmt. Ganze Dialoge wurden geführt. Es stoppte uns
niemand mehr.

Aus langer Weile wurde geklopft. Das hatten wir bereits in U-Haft
gelernt und getan. Einmal an die Wand klopfen bedeutete ein A.
Zweimal ein B, dreimal ein C. Jeder kann sich nun ausrechnen,
wie lange es dauert, um allein die Frage zu stellen: „Warum bist
du hier?" Die Antwort „RF" ist zwar kurz, benötigte aber auch Geduld. Wenn man in U-Haft dabei erwischt wurde, gab es stets
Strafandrohungen.
Hier wurde nun per Klopfzeichen gefragt „Wie heißt du?" oder
„Kennst du Carola?", „Wie heißt dein Mann?", „Wie lange warst du
in Haft?"
Es verkürzte die Zeit, machte Spaß und wurde vom Wachpersonal
nicht mehr unterbrochen oder verboten.

Es gab besseres Essen. Wir genossen Fleisch, Gemüse, Salat und
hochwertigere Kartoffeln. An manchen Tagen wurde sogar ein
Nachtisch serviert.

Reichlich Lesestoff stand zur Verfügung. Wir lasen und spielten,
wie zu Beginn in der Untersuchungshaft. Ohne Arbeit waren die
Tage jedoch wieder lang.
Man hatte keine Lust mehr, sich zu offenbaren, so sind mir auch
keinerlei Gesprächsinhalte in Erinnerung geblieben.
Wir lasen und spielten Karten, Halma, Mühle und so weiter.

Man wollte nur noch raus und wartete von Tag zu Tag auf diesen Moment. Sehr viel waren wir damit beschäftigt, alle Geräusche, die von den Zellentüren und vom Treppenhaus zu uns drangen, zu deuten.

In dieser Zeit waren wir ganz von der Außenwelt abgeschieden. Kein Besuch und keine Post. Unsere Angehörigen wussten nicht, wo wir waren.

Man sprach uns wieder mit unseren Namen an. Nun hieß es „Frau Soßdorf, bitte kommen Sie mit." Nicht mehr: „Strafgefangene Soßdorf ..." oder wie vereinzelt geschehen, nur die entsprechende Nummer aus der Zelle.

Eines Tages wurde jede von uns aus der Zelle geholt und es wurden Passfotos von uns gemacht. Hurra!

An einem anderen Tag wurde jede einzeln zu zwei Herren gebracht. Diese stellten noch einmal die alles entscheidende Frage: „Möchten Sie nach wie vor in die Bundesrepublik? Sie wissen, es gibt dann kein Zurück."

Man glaubte, nicht richtig zu hören.

Aber es soll tatsächlich Menschen gegeben haben, die in diesem Moment die Frage verneinten und zurück wollten.

„Ich möchte in die Bundesrepublik Deutschland", sage ich laut und deutlich. „Aber wann kommen meine Kinder nach?"

„Dazu können wir Ihnen keine Auskunft erteilen."

Zurück in die Zelle.

Man teilte uns mit, wie viel Geld wir erarbeitet hatten und noch besaßen.

Es war erschreckend wenig. Bei unserer Verhaftung hatten wir noch einige Hundert Ost-Mark in unserem Besitz. Das sei für den Anwalt verwendet worden, sagte man. Erarbeitet hatten wir ca. 180 bis 200 Mark im Monat. Davon gingen 50 Mark für die Kinder ab. Für die paar Ost-Mark, die wir nun noch unser Eigentum nannten, durften wir wöchentlich direkt durch die Zellentür

einkaufen. Draußen fuhr dann ein Rollwagen vor, und zwei Schließer boten ihre Waren feil. Es waren immer die gleichen Dinge, die
zugekauft wurden: Obst, Süßigkeiten, Kosmetik und Zigaretten.

Gleichzeitig wies man uns darauf hin, dass keiner von uns Ost-
Mark ausführen durfte (im Klartext, wer etwas übrig lässt, ist
selbst schuld) und dass es einen finalen Einkauf geben würde. Jeder sollte sicherstellen, dass er ordentliche Kleidung besaß und
eine Reisetasche, denn mit einem Plastikbeutel würde keiner dieses Haus und dieses Land verlassen.

Die Unruhe im Gebäude stieg.
Es trafen täglich Neuzugänge ein.
Es wurde gerannt und gerufen.
Wir waren satt, zufrieden und ausgeschlafen.
Wann ging es los?

Wieder wurde ich aus der Zelle geholt.
In einem Raum überreichte man mir ein Formular und einen Kugelschreiber. „Antrag auf Entlassung aus der Staatsbürgerschaft
der Deutschen Demokratischen Republik", nannte sich das Papier.
Ich füllte es gewissenhaft aus und unterschrieb mit Datum: 7. Mai
1982. Das war ein Freitag.
Nun folgte ein fürchterlich langweiliger Samstag und ein ebenso
langweiliger Sonntag. Nichts passierte.

Am Montag durften wir zum vorhergesagten Großeinkauf. In der
oberen Etage gab es einen Raum, in dem man Kleidung, Taschen
und Schuhe käuflich erwerben konnte. Ich kaufte eine kleine Reisetasche und eine Kosmetiktasche für Seife, Creme und Zahnbürste. Es war nicht viel, was ich mitnahm. Meine Winterstiefel,
die Kosmetiktasche und die schwarze, bereits mehrfach erwähnte
Handtasche.
Der Dienstag glich dem Samstag und dem Sonntag.

Aber am Mittwoch ging es los.

Am Mittwoch, den 12.Mai 1982 wurden wir morgens alle noch einmal einzeln in einen Raum geführt, und jedem von uns wurde ein Entlassungsschein und eine Urkunde über die Entlassung aus der Staatsbürgerschaft der Deutschen Demokratischen Republik überreicht.

Beide Dokumente trugen das aktuelle Datum.

Jubelschreie hallten durch das Haus.

Umziehen, Tasche packen und warten.

Es gab noch einmal Mittagessen.

Seltsamerweise kann ich das noch beschreiben. Es waren Pellkartoffeln und Leberwurst und ein paar Scheiben saure Gurke. Kein nettes Abschiedsessen.

Es wurde Nachmittag, bevor aufgeschlossen wurde und wir die Zellen und das Gebäude verlassen durften. Im Gefängnishof standen zwei Busse.

Man zeigte uns, wer in welchen einsteigen solle, und da sah ich meinen Mann. Er saß bereits im Bus.

Alle waren sehr diszipliniert. Keine Szenen.

Immerhin fanden Wiedersehen nach sehr langer Zeit statt.

Ich hatte meinen Mann acht Monate nicht gesehen. Wir beide küssten uns innig und hielten uns ganz fest bei den Händen.

Als alle Häftlinge in den Bussen waren, betraten zwei Herren unseren Bus. Einer sagte, dass wir nun in das Aufnahmelager Gießen gefahren würden. Der zweite Herr stellte sich als Rechtsanwalt Dr. Wolfgang Vogel vor. Er begrüßte alle Anwesenden und hielt eine kurze Ansprache mit Verhaltensregeln für die nun anstehende Fahrt.

Dann kam er direkt auf meinen Mann und mich zu und sagte: „Sie sind in diesem Bus ein Ehepaar, welches Kinder zurücklässt. Auch das Nachkommen Ihrer Kinder ist verhandelt. Glauben Sie mir.

Gehen Sie nicht an die Öffentlichkeit, nicht an die Presse, nicht an die Medien. Das wäre nicht hilfreich, sondern würde nur schaden. Es kann bis zu sechs Monate dauern, aber Ihre Kinder kommen mit Sicherheit nach."

Für westdeutsche Politiker und Vertreter der Kirchen, die sich um die Freilassung von Gefangenen bemühten, war Dr. Wolfgang Vogel Jahrzehnte lang die wichtigste Kontaktperson. In der DDR bedeutete der Anwalt für viele tausend politische Häftlinge die letzte Hoffnung. Viele andere sahen in ihm jedoch nur einen Handlanger des DDR Regimes, der wirtschaftlich am meisten von den in ihren Augen dubiosen Geschäften profitierte.

Dr. Vogel verließ den Bus und stieg in einen Mercedes mit Fahrer ein. Der zweite Herr blieb bei uns im Bus und ließ sich vorne in der Nähe des Fahrers nieder.

Die Freiheit hat uns wieder.
Wir haben die Freiheit wieder.

Die Tore der Haftanstalt öffneten sich. Ein Wartburg fuhr voran. Dem folgte der Mercedes. Dann Bus Nummer 1 und Bus Nummer 2. In jedem Bus saßen ca. 50 Personen. Männer und Frauen, alte und junge. Mein Mann und ich waren dabei.

Wir fuhren in die Freiheit.

Es war ca. 16 Uhr, als das normale Leben an uns vorbeizog und wir es wieder sehen konnten. Menschen, Autos, Bäume und der Himmel. Noch immer waren alle Insassen des Busses ganz ruhig.

Unsere Fahrt führte nahe an unserer alten Heimat vorbei. „Eisenach" war auf mehreren Straßenschildern zu lesen.
Wir überquerten die Grenze bei Wartha-Herleshausen.

Meine Recherche hat ergeben, dass Busse vom Typ Mercedes im Westen eigens für den Häftlingsfreikauf angeschafft wurden. Sie trugen keine Beschriftung, hatten jedoch ein klappbares Nummernschild und waren sowohl im Osten als auch im Westen zugelassen.

Der gesamte Konvoi fuhr zügig Richtung Grenze und durfte diese auf einer Sonderspur ohne jegliche Kontrolle passieren.
Kurz hinter der Grenze begann der Jubel. Ein unbeschreibliches Glücksgefühl brach sich nun Bahn. Erst jetzt fiel man sich um den Hals. Erst jetzt zeigte man Emotionen.
Wir waren im Westen.
Der Fahrer machte Musik an. Schöne, laute Schlager.

Die Busfahrer waren übrigens grundsätzlich aus Westdeutschland. Sie fuhren morgens in die DDR, holten ihre „Fracht" ab und waren am Abend wieder zu Hause. Mit Sicherheit war das kein Job für schwache Nerven.

Die Busse folgten noch immer den beiden Personenkraftwagen. Nun fuhren alle Fahrzeuge auf den nächsten Parkplatz und hielten an. Dr. Vogel stieg aus, betrat noch einmal jeden Bus, verabschiedete sich und wünschte allen Insassen „Alles Gute für die Zukunft."

Auf dem Parkplatz warteten Kleintransporter vom Roten Kreuz. Sie hatten Tüten mit belegten Broten, Obst, Süßigkeiten und Getränken dabei. Jeder bekam eine Tüte überreicht. Zuerst die

Banane essen, dann etwas Süßes, dann etwas trinken – oder umgekehrt?

Der Wartburg und der Mercedes kehrten um und fuhren zurück in den Osten, und für uns begann eine dreistündige Fahrt nach Gießen.

Nun konnten wir die ersten Worte und Befindlichkeiten austauschen. Mein Mann und ich waren gesund und stolz auf uns selbst. Wir waren nicht gebrochen und nicht verbittert.
Bis zum heutigen Tage hegen wir keinen Groll.
Das war das Abenteuer unseres Lebens. Es war erforderlich, damit wir unser Leben frei gestalten und wir und unsere Kinder sich frei entwickeln konnten.

Mein Mann war im Zuchthaus Cottbus inhaftiert.
Dieses Zuchthaus wurde im Jahre 1860 eröffnet. Zur NS-Zeit wurde es als Jugendgefängnis und Frauenzuchthaus genutzt. Bei den Luftangriffen am 15. Februar 1945 wurde es bombardiert, danach erfolgten verschiedene Reparaturen und Baumaßnahmen. Am 17. Juni 1953 gab es beim Volksaufstand der DDR eine Häftlingsrevolte. Zu DDR-Zeiten wurde es zum Strafvollzug des Ministeriums des Innern genutzt. Es galt als das typische Freikauf-Gefängnis der DDR. Am 19. Oktober 1978 verbrannte sich der DDR-Flüchtling Werner Greifendorf aus Riesa während eines Hofganges aus Protest gegen seine Haft.
Noch 1983, ein Jahr nach seiner (unserer) Entlassung, waren dort 446 politische und 94 kriminelle Gefangene inhaftiert. Unter den 540 Häftlingen, die von 208 Wärtern und 30 Inoffiziellen Mitarbeitern der Stasi überwacht wurden, waren 340 Ausreisewillige.
Nach dem Zusammenbruch des SED-Regimes im Jahre 1989 fand eine Sanierung statt. Der Strafvollzug wurde unter neuen Bedingungen fortgeführt. 2002 wurde das Gefängnis geschlossen und im

Dezember 2007 an einen privaten Investor versteigert. Heute ist es Gedenk-, Bildungs-und Begegnungsstätte.

Würde mein Mann seine Haftzeit hier schildern, dann könnte am Ende der Eindruck entstehen „Alles halb so schlimm." Wir haben Abende mit Freunden verbracht, an denen mein Mann über seine Haftzeit mit sehr viel Humor berichtete und alle zum Lachen brachte. Die männlichen Häftlinge haben sich laut seiner Schilderung längst nicht diesem militärischen Drill, wie wir Frauen ihn erlebten, unterworfen. Sie waren mutiger beim Missachten von Vorschriften. Sie haben die Wärter nicht immer ganz ernst genommen.

Auch in Cottbus wusste man, wer seine Norm erfüllte und nicht aufsässig gegen die Wärter und das Regime war, der konnte unter Hinnahme aller genannten Widrigkeiten von hier in den Westen Deutschlands gelangen.
Er hat für den VEB Pentacon Kamerateile im Drei-Schicht-System gestanzt und entgratet. Auch bei ihm war die Norm sehr hoch, die Arbeitsbedingungen schlecht, die Verpflegung inakzeptabel und die hygienischen Verhältnisse miserabel.
Er stand jedoch allem gelassen gegenüber.
Er wollte keine Post schreiben und keine bekommen. Er wollte kein Paket erhalten. Er brauchte keinen gemeinschaftlichen Fernsehabend am Samstag mit DDR-Programm.
Er wollte nur in den Westen.

Auch er erlebte schlimme Szenen. Arbeitsverweigerung, Krawalle, Prügeleien, Raufereien – all das hat er erlebt.
Von Freud und Leid kann er berichten.
Eindrucksvoll ist seine Schilderung von den Gesängen eines inhaftierten Kammersängers. Dieser hat abends oder nachts am Fenster sitzend herzergreifende Arien und Lieder gesungen. Es hallte

durch die Zellen, erfüllte den gesamten Gefängnishof und überquerte sogar die Mauern.

Tosender Beifall war sein Lohn. Alle Maßregelungen und Bestra-
fungen haben ihn nicht abgehalten, immer wieder Gesänge zum
Besten zu geben. Auch am Heiligen Abend und in der Silvester-
nacht.

„Wir alle hatten Gänsehaut" berichtet er.

Eine weitere Begebenheit seiner Haftzeit ist unglaublich. Über
Nacht brach ein Teil der Gefängnismauer ein. Für die Schließer
gab es daraufhin sehr viel Hohn und Spott von den männlichen
Häftlingen. „Noch nicht einmal eure Gefängnismauern sind in einem guten Zustand. Die eingefallene Mauer stellt den Zustand der
gesamten DDR dar." Hektisch und bewacht von immens vielen
Wärtern und Hunden wurde die Mauer wieder repariert.

Durchforstet man das Internet nach Schilderungen aus den Gefängnissen Cottbus und Hoheneck, so kann man jedoch sehr viel
Trauriges und Grausames lesen. Oft ist von langanhaltenden,
durch die Haft hervorgerufenen Leiden die Rede. Oft sprechen ehe-
malige Häftlinge von psychischen Problemen, die sie noch heute
verfolgen. Schreckliche Erlebnisse werden geschildert. Wochen-
lange Einzelhaft und Aufenthalte in den Arrestzellen, Schläge und
immer wieder psychische Folter werden beschrieben.

Das Notaufnahmelager Gießen

Das Notaufnahmegesetz machte das Gießener Notaufnahmelager ab dem 1.9.1950 – neben den Aufnahmelagern Marienfelde und Uelzen-Bohldamm – zur zentralen Anlaufstelle für alle Flüchtlinge aus der Deutschen Demokratischen Republik. Nach dem Mauerbau 1961 und der Schließung der beiden anderen Lager blieb Gießen als das kleinste der drei bestehen. Bis zur deutschen Wiedervereinigung wurde die Einrichtung von 900.000 Flüchtlingen und Übersiedlern aus der DDR in Anspruch genommen.

Das Notaufnahmelager Gießen erreichten wir am Abend.
Dieses Lager kann ich nur noch wie folgt beschreiben.
Es hatte keinen Charme. Alles war zweckmäßig. Wir wurden verpflegt und durften zum ersten Mal wieder gemeinsam und allein in einem Zimmer beisammen sein.
Dieses Zimmer war sehr spartanisch eingerichtet. Das Mobiliar bestand aus einem Tisch, zwei Stühlen und zwei Einzelbetten, jeweils an der Wand stehend.

Am nächsten Morgen gab es Frühstück und danach wurden wir beide, getrennt voneinander, jeweils von einem Mitarbeiter des Verfassungsschutzes verhört. Noch einmal mussten alle Neuankömmlinge, ähnlich wie bei den Vernehmungen in der U-Haft, viele Fragen beantworten.
Wir beschrieben zuerst unsere Flucht. Die Haftzeit sowie die Namen aller Beteiligten bei der Festnahme und bei der Verurteilung wurden gründlich erfragt. Besonderes Interesse galt allen Wachteln, Wärtern und Schließern.
„Wurden Sie geschlagen oder misshandelt?"
„Sind Ihnen derartige Fälle bekannt oder haben Sie Derartiges miterlebt?"

Wir gaben alles nach bestem Wissen und Gewissen preis. Unsere Aussagen wurden zu Papier gebracht, mussten aber nicht mehr unterzeichnet werden.

In der Kleiderkammer des Lagers gab es eine große Auswahl gespendeter Kleidung, aus der wir uns aussuchen durften, was wir benötigten.
Eine ältere Dame, welche hier Kleidung ausgab, hörte ich sagen: „Wenn ich nur wüsste, was die hier alle wollen?" Diese Worte und diese Dame waren wohl deplatziert.

Am nächsten Morgen verhörte uns ein US-Verbindungsoffizier der CIA. Seine Fragestellung war ähnlich. Er wollte jedoch noch mehr über unsere Vergangenheit, also über unser Leben vor Flucht und Inhaftierung erfahren. Spitzel und Spione sollten auf diesem Wege erkannt und selektiert werden.

Ich konnte ihm wenig Interessantes berichten. Mein Mann hingegen ist „Arrafat" und „RT" begegnet. Beide waren männliche Wärter, denen man nachsagte, sie hätten Gefangene derart misshandelt, dass sie an den Folgen der Misshandlung gestorben seien. RT bedeutete in diesem Fall „Roter Terror".

Am Nachmittag bekamen wir 150 DM Begrüßungsgeld pro Kopf und wurden befragt, in welches Bundesland wir möchten. „Nordrhein-Westfalen" war unsere Antwort.

Unser neues Zuhause

In einer kleinen Stadt in NRW wohnte unser Freund Heiner mit seiner Frau und seinem Sohn. Es war mit ihnen abgesprochen, dass wir dort unser neues Leben beginnen möchten.

Auf unseren Freund Heiner war Verlass, denn er und seine Frau holten uns bereits am Morgen des dritten Tages in Gießen ab.
Die Freude war riesengroß. Schnell ins Auto und weg hier.
Es gab so viel zu erzählen, aber dafür war nun genug Zeit. Gegen Mittag machten wir Halt an einer Autobahnraststätte. Mein Mann und ich aßen einen Eisbecher von bisher unbekannter Größe.

Unsere Freunde bewohnten ein gemietetes Haus mit Garten. Es bot genügend Raum. Ein Zimmer unterm Dach mit zwei Betten und einem Schreibtisch wurde für meinen Mann und mich in den nächsten 10 Wochen unser Zuhause. Auf dem Schreibtisch stand eine Schreibmaschine. Diese Schreibmaschine war sofort mein Werkzeug, mit dem ich Briefe an alle Verwandten, Freunde und Bekannten schrieb.
Aber gleich am ersten Abend telefonierten wir mit der Heimat.
Drei Häuser und drei Gehminuten von zu Hause entfernt, wohnte eine Familie, die zu den glücklichen Besitzern eines Telefons gehörte. Wir riefen an, es klingelte und wir nannten unsere Namen. Sehr schnell waren sie bereit, meine Schwiegereltern und vielleicht auch unsere Kinder ans Telefon zu holen. Auflegen, fünf Minuten warten und erneut wählen – dann waren die Stimmen meiner Schwiegereltern zu vernehmen. Die Kinder konnten sie in der Eile nicht finden. „Sie spielen irgendwo."
„Uns geht es gut. Wir sind bei Heiner."
Es wurde vereinbart, am nächsten Abend zur gleichen Zeit erneut miteinander zu telefonieren. Und vierundzwanzig Stunden später hörte ich meine Kinder zum ersten Mal wieder sprechen. Zwar nur am Telefon, aber den Rest schafften wir auch noch.
„Ihr müsst Geduld haben, bald dürft ihr zu uns kommen. Bleibt weiterhin lieb und brav. Wir schicken euch etwas Schönes mit der Post."

Unsere neuen Gastgeber waren Betreiber eines Pubs. Beide arbeiteten ab Nachmittag bis spät in die Nacht hinein, schliefen aber auch gerne morgens aus. Nun begann eine Zeiteinteilung, die uns allen gefiel, und wir verbrachten 10 gemeinsame Wochen ohne Diskrepanzen miteinander.

Mein Mann und ich kümmerten uns um das Haus und das Essen, sodass wir vier am Nachmittag gemeinsam freie Zeit verbringen konnten, bis Heiner und seine Frau sich erneut dem Pub widmen mussten.

Es waren jedoch auch extrem viele Behördengänge zu erledigen. Zuerst die Anmeldung bei der Stadtverwaltung. Dann bei der Kreisverwaltung. Auch dort mussten wir erneut Rede und Antwort stehen, denn gleich zu Beginn hatten wir unsere Rehabilitierung beantragt.

Wir besitzen einen dicken Ordner voller Schriftverkehr diesbezüglich.

Das Arbeitsamt aufsuchen. Für mich hätte man sofort einen Job als Buchhalterin gehabt. Da ich jedoch nicht für ganze Tage zur Verfügung stand und den Umständen zu Folge nicht wusste, wann die Kinder nachkommen würden, galt ich vom 14.5.1982 bis zum 2.3.1983 als arbeitssuchende Halbtagskraft und erhielt dementsprechendes Arbeitslosengeld.

Mein Mann begann im August eine Tätigkeit als Maurer bei einem Bauunternehmen im Nachbarort.

Wir benötigten ein Auto und dafür wiederum einen Kredit. Das Autohaus mit dem gebrauchten Traumwagen, bot uns einen Kredit der FORD-Bank für sage und schreibe 18 (achtzehn) % Zinsen an. Die Volksbank tat es für die Hälfte, aber immer noch genug.

Für den Fall, dass uns keine Bank einen Kredit geben würde, bot uns die Inhaberin des Autohauses einen Privatkredit für weniger Zinsen an, nachdem sie unsere Geschichte kannte.

Eine Geste, die wir niemals vergessen werden. Wir bekamen einen Kredit von der Volksbank und sind dieser Bank bis zum heutigen Tage treu geblieben.

Heiner stellte uns in den ersten Wochen einen Wagen zur Verfügung. Wir konnten damit alle Besorgungen und Behördengänge erledigen. Damit unternahmen wir sogar die ersten kleinen und großen Reisen. Eine der ersten Fahrten führte nach Kassel. Das Wiedersehen mit Erich, Lore und Martina war ein Fest. Wir hatten viel zu erzählen.

Die Oma in Hofgeismar, damals bereits stolze 83 Jahre alt, freute sich riesig, als wir vor ihrer Tür standen und sie uns in ihre Arme nehmen konnte. Auch sie wollte alles Erlebte von uns genau beschrieben wissen.

Bei jeder Fahrt hatten mein Mann und ich das große Glück und ein gutes Gefühl mit an Bord. Wir beide fuhren als freie Bürger durch die Bundesrepublik Deutschland. Wir genossen alles, mit allen Sinnen.

Dann folgte eine Reise nach Bad Reichenhall. 800 km quer durch Deutschland – das war die ganz große Freiheit. Der Onkel meines Mannes und seine Familie empfingen uns ebenso herzlich. Sie zeigten uns Teile ihrer Heimat, und wir fuhren zusammen sogar bis nach Salzburg.

Wir waren in Österreich.

Es war sensationell.

Alle besuchten Familienmitglieder wussten, wir besitzen nichts, waren mit dem, was wir am Leib trugen, hier angekommen. Sie alle unterstützten uns mit Sach- und Geldspenden (wie man so schön sagt). Wir sind noch heute herzlich mit ihnen verbunden und möchten mit diesen Zeilen unseren Dank ausdrücken. Leider sind Lore, Erich und die Oma inzwischen verstorben.

Am 19.7.1982 bekamen sowohl mein Mann als auch ich den Flüchtlingsausweis „C" für Vertriebene und Flüchtlinge überreicht. Mir verschließt sich heute, wofür er diente oder wofür er nützlich war. Wir waren aber auch darüber froh.

Vom Kreis Recklinghausen erhielt jeder 330 DM Eingliederungshilfe, 200 DM Entlassungsgeld und 300 DM Übergangshilfe.

Am 1.9.1982 erklärte der Generalstaatsanwalt aus Hamm, dass das gegen uns ergangene Urteil unzulässig sei. Wir wurden rehabilitiert. Dieses Schriftstück bedeutete uns sehr viel.

Noch im Osten hatte Heiner uns eine Wohnung in Aussicht gestellt. „Die über dem Pub liegende Wohnung gehört zur Gaststätte, wird aber von uns nicht genutzt, also könnt ihr sie haben."
Eine tolle Sache, wir hatten sofort eine Wohnung, wenn wir drüben ankommen.
Sie war perfekt für uns. Mitten in der Stadt, nicht zu groß und nicht zu klein. Sogar ein Kinderzimmer war vorhanden. Mein Mann und ich waren nach der ersten Besichtigung begeistert und konnten es kaum abwarten, mit der Renovierung zu beginnen. Es musste tapeziert werden und ein neuer Fußboden war in den meisten Räumen erforderlich.
Immer wenn wir Geld und Zeit hatten, waren wir in unserer neuen Wohnung. Es machte sehr viel Freude sie herzurichten.

Wir waren fast fertig, da erreichte uns die Hiobsbotschaft.

Der Vermieter, welcher in Frankfurt lebte, hatte wohl einen Hinweis bekommen. Er untersagte, dass Fremde in diese Wohnung einziehen, da sie zur Gaststätte gehöre ... denn wenn der Betreiber wechselt ...

Für mich brach eine Welt zusammen. Ich vergoss die ersten West-Tränen.

Unsere Freunde sahen die Wohnung nun, da sie gereinigt und renoviert war, mit anderen Augen. „*Wir* können hier einziehen. Dann sparen wir die Miete für das Haus und haben keine lange Anfahrt mehr."

Wir überließen ihnen diese Wohnung, ohne dafür etwas zu verlangen. Unser Einsatz in Form von Material und Zeit war unser Dank für alles, was sie für uns getan hatten.

Noch heute haben wir dadurch ein gutes Gefühl.

Unser Freund Heiner starb zwei Jahre, nachdem wir im Westen angekommen waren, völlig überraschend an einem Aneurysma im Kopf.

Auch ihm sind diese Zeilen gewidmet.

Wir denken oft und gern an ihn. Er hat völlig selbstlos gehandelt und sich heldenhaft für uns eingesetzt.

Nun hieß es, auf zur Wohnungssuche, als sei bisher nichts geschehen.

Die Gäste im Pub und die Zeitung wurden bemüht. Damals stand das Internet noch nicht zur Verfügung. Hätten wir die Hilfe und das Urteil unserer Freunde nicht gehabt, wer weiß, wo wir gelandet wären. Straßen und Wohnviertel, von denen wir heute wissen, dass sie keinen guten Ruf haben und hatten, wären vielleicht unsere neue Anschrift geworden.

Wir waren in Herten zu Gast bei Bekannten. Die Tür ging auf, und ein Ehepaar aus Schermbeck gesellte sich dazu.

Am Rande möchte ich erwähnen, wir waren zu dieser Zeit gern gesehene Gäste. Wir hatten eine Geschichte zu erzählen, wie man sie nicht alle Tage hört. 1982 gab es noch nicht viele Flüchtlinge, und wer hatte schon echte „Knastologen" zu Gast?

Als wir neben vielem anderen erzählten, dass wir eine Wohnung benötigen, sagte man uns: „In Schermbeck sind immer Wohnungen frei."

Zwei Tage später trafen wir uns in Schermbeck, besichtigten eine Wohnung und mieteten gleich diese erste besichtigte Wohnung an. Nie zuvor hatten wir von Schermbeck gehört, wussten nichts von der Existenz dieses Ortes. Nun wurde er unsere neue Heimat. Diese kleine Gemeinde hat 13.000 Einwohner.

Wir haben hier sehr schnell neue, nette Menschen kennengelernt und inzwischen eine Vielzahl neuer Freunde gefunden.

Unsere erste Wohnung im Westen war 72 Quadratmeter groß, lag im Parterre eines Mehrfamilienhauses und hatte Richtung Norden einen sehr kleinen Balkon. Neun Jahre wohnten wir mit unseren Kindern in dieser Wohnung und waren glücklich.

Man überredete uns, vorübergehend die Tätigkeiten des Hausmeisters zu übernehmen. Auch das taten wir neun Jahre lang und hatten dadurch eine sehr geringe Miete.

In dieser Wohnung musste nicht viel renoviert werden. Wir schrubbten sie gründlich und zogen ein. Die ersten Nachtlager waren zwei Luftmatratzen.

Dann rollte eine Welle der Solidarität an: Eine Schrankwand, Modell Gelsenkirchener Barock. Töpfe, Pfannen, Gläser, Decken,

Vasen, Besteck und vieles mehr. Alles wurde uns überreicht, nachdem man hörte, was hinter uns lag.

Eine Küche kauften wir auf Kredit. Ich sagte: „Ich brauche keine Spülmaschine."
„Doch du brauchst eine Spülmaschine, du weißt es nur noch nicht", riet mir Heiners Frau. Also hatte die neue Küche sogar eine Spülmaschine. Luxus pur für mich.

Wir lernten ein weiteres Ehepaar kennen. Wir erzählten unsere Geschichte und schilderten unsere jetzige Situation. Da sagte sie: „Schlaft ihr wirklich auf Luftmatratzen?"
„Ja, aber das ist nicht schlimm. Wir müssen erst das Kinderzimmer einrichten, denn unsere Kinder können jeden Tag kommen."
Zwei Tage später holte sie mich ab, wir fuhren in ein sehr großes Möbelhaus. Ich durfte ein komplettes Schlafzimmer aussuchen, incl. Lattenrost und Matratzen.
Diese Art der Hilfe ließ mich verstummen.
Dann fuhren wir weiter. In einem Fachgeschäft suchte sie (aus meiner damaligen Sicht) sündhaft teure Kopfkissen und Oberbetten für uns aus. Wenn einem so viel Gutes wiederfährt …

Im Zuge dessen, dass ich diese Geschichte niederschreibe, habe ich alle mir vorliegenden Unterlagen und Briefe noch einmal gesichtet und gelesen. Post aus der Heimat erreichte uns: „Schreibt nicht immer alles so offen und ehrlich. Zum Beispiel die Sache mit dem Schlafzimmer. Das weckt zu viel Neid." Ich dachte, man freue sich mit uns.

Die Zeit brachte es, dass ich drei Putzstellen annahm und nebenbei in einem Imbiss Würstchen und Pommes verkaufte.

Wir telefonierten oft mit der Heimat und schrieben und erhielten Briefe.

Ich schnürte Pakete. Gleich zu Beginn für die Jungs und meine Schwiegereltern. Für meine Eltern. Dann für die Geschwister. Mit Freuden trug ich alles zusammen. Es fiel mir leicht, neue Kleidung zu Schnäppchenpreisen, gebrauchte Kleidung vom Altkleidermarkt, vom Trödelmarkt oder von Bekannten geschenkt, zusammenzutragen. Es gab viele Möglichkeiten, unsere Lieben zu Hause glücklich zu machen.
Auch ein Zitat aus einem der Briefe „… das können wir nie wiedergutmachen."
Mein Mann und ich trugen preiswerte oder Secondhand-Kleidung. Ich besaß einen Lurexpulli für 1 DM vom Trödelmarkt, den ich geliebt habe. Schuhe für 10 DM waren keine Seltenheit.

Mein erster Einkauf im Supermarkt.
Ich ging zum ersten Mal ohne Begleitung einkaufen.
Ich wanderte ganz gemütlich durch die Reihen und staunte, was es alles zu kaufen gab. Mein Mann war zur Arbeit. Keiner wartete auf mich. Essen würde ich später kochen.
Um mich herum war alles versunken und vergessen.
Da tippte mir jemand von hinten auf die Schulter und fragte: „Könnten Sie sich bitte etwas beeilen? Wir haben bereits seit zehn Minuten geschlossen." Damals gab es noch eine Mittagspause im Einzelhandel, und ich hatte nicht bemerkt, dass um mich herum niemand mehr war.

Das edle Schlafzimmer wurde geliefert.
Das Kinderzimmer auch. Es war weniger edel, aber stabil und für unsere Jungs das Nonplusultra. Langsam nahm alles Gestalt an.

Eine ältere Dame (Mitbewohnerin aus dem Mehrfamilienhaus, in dem wir wohnten) schenkte uns diverse Dinge aus ihrem Haushalt. Unter anderem ein Landschaftsbild, welches wir über unserer Couch aufhängten. Deren Kinder kamen sie besuchen, schauten kurz bei uns vorbei, sahen das Bild und verlangten es sofort zurück.

Täglich dachten wir an unsere Kinder. Wir sprachen bei der Schule und beim Kindergarten vor und kündigten ihre Ankunft an.
Zeitpunkt unbekannt.

Meine Schwiegereltern wurden mitunter zum Rat des Kreises Eisenach vorgeladen. Davor und danach waren wir immer voller Hoffnung. Es geschah jedoch nichts. Dr. Vogel hatte gesagt, es kann bis zu sechs Monate dauern. Wir kamen am 12. Mai hier an, also müssten sie bis zum 12. November bei uns sein.
Die Zeit ohne sie verging dennoch sehr schnell. Alles war neu. Es musste so viel erledigt werden. Wir lernten viel Neues kennen. Neue Menschen, neue Jobs, all das forderte uns.
Im September wurden wir unruhig.

Die Kinder kommen

Anfang November kam Bewegung in den Fall.

Man teilte meinen Schwiegereltern mit, dass die Kinder ausreisen dürfen.

„Sie dürfen jedoch nicht von ihnen, den anderen Großeltern oder sonst jemandem aus dem Osten in den Westen gebracht werden. Auch nicht von ihren Eltern", wurde ihnen gesagt.

„Bemühen Sie sich um eine neutrale Person."

„Wer oder was ist denn eine neutrale Person?"

„Zum Beispiel das Deutsche Rote Kreuz."

Wir erfuhren all das per Telefon.

Die Vorfreude war unbeschreiblich.

Am nächsten Morgen setzte ich mich an den Küchentisch und rief die Außenstelle des Deutschen Roten Kreuzes in Wesel an.

Ich erklärte einer jungen Dame, dass ich mit meinem Mann in Schermbeck wohne, nachdem wir beide im Osten im Gefängnis gesessen hätten. „Wir durften ausreisen, aber unsere Kinder noch nicht. Und nun benötigen wir Ihre Hilfe, um unsere Kinder nachzuholen."

Sie war überfordert und fragte nach der Telefonnummer.

„Wir rufen Sie zurück", sagte sie und legte auf.

Ich wartete ca. zwei Stunden, dann rief ein Herr vom DRK in Wesel zurück.

Ich erklärte ihm das Gleiche noch einmal.

Er begann, Fragen zu stellen. Name, Anschrift, Telefon-Nr., Familienstand. Er fragte nach meinem Mann. Er fragte nach mir. Er fragte nach unseren Jobs. Ich hatte das Gefühl, er fragte mich Dinge, die auf der Vermutung beruhten, ich bin betrunken oder stehe unter Drogen …

Dann hörte ich erneut: „Dürfen wir Sie zurückrufen?"
„Natürlich dürfen Sie das."
Erst am nächsten Morgen kam der heiß ersehnte Rückruf.
Ein Herr stellte sich als der Leiter des DRK in Wesel vor und erklärte: „Entschuldigen Sie, dass ich heute erst zurückrufe. Wir haben recherchiert. Das gibt es ja wirklich, was Sie uns da erzählt haben."

Es begann eine sehr intensive Korrespondenz. Viele Telefonate zwischen Schermbeck, Wesel und Eisenach wurden geführt, bis der Plan stand.

Eine Dame vom Kreisjugendamt der Stadt Wesel durfte mit einem Fahrer nach Eisenach kommen, um die beiden Kinder beim Rat des Kreises Eisenach in Empfang zu nehmen und sie dann zu ihren Eltern zu bringen.
„Allerdings muss diese Person eine Befugnis in Händen halten, die sie ausweist und dazu berechtigt."
„Wie soll oder kann eine solche Befugnis aussehen?"
„Am besten wäre es, wenn eine notarielle Bevollmächtigung zur Übernahme der Kinder vorliegen würde."

Ach, Gott! Was nun?
Wir hatten Glück. Wir kannten Gabi, die bei einem Notar arbeitete. Gabi erzählte ihrem Chef die komplette Geschichte, und wir bekamen zügig einen Termin bei ihm.
Diese Aufgabe war selbst für den Herrn Notar eine Herausforderung.
Er stellte am 12. November 1982 eine Urkunde aus, welche die Sozialarbeiterin Frau […], geboren am […], wohnhaft in […], handelnd als Bedienstete des Kreisjugendamtes der Stadt Wesel, Inhaberin des Reisepasses Nr. […] der Bundesrepublik Deutschland

bevollmächtigt, die beiden Kinder an ihrem jetzigen Wohnort in Empfang zu nehmen und in die Bundesrepublik Deutschland zu ihren Eltern zu bringen.

Jede Urkunde bedarf einer Einschätzung des Wertes der „Sache", nicht zuletzt, um die Kosten zu berechnen, erklärte er uns.

Er trug einen Wert von 600 DM ein.

Seither wissen wir, wie viel unsere Kinder wert sind ...

Inzwischen sind sie mit Sicherheit mehr wert. Sie sind erwachsen, haben studiert und führen in Selbständigkeit gute Jobs aus. Beide sind glücklich verheiratet und haben uns zwei nette Schwiegertöchter und drei herrliche Enkel geschenkt.

Doch zuerst müssen sie hier ankommen.

Dazu fuhr eine Angestellte des Kreises Wesel am 19. November 1982 in einem PKW mit Fahrer nach Eisenach. Sie konnten problemlos die Grenze passieren. Die Kinder wurden von Oma und Opa zum vereinbarten Treffpunkt gebracht. Diverse Taschen und Koffer mit Kleidung und Spielzeug durften mitgenommen werden. Dieses Gepäck wurde noch in Eisenach einer Kontrolle unterzogen. Dann hieß es, Abschied nehmen. Sicher sind auch da viele Tränen geflossen. Immerhin hatten sie eine lange Zeit miteinander verbracht. Aber Oma und Opa waren vernünftig und haben stets die Meinung vertreten „Kinder gehören zu ihren Eltern".

Wie die Fahrt im Einzelnen verlief, kann ich nicht berichten. Beide Kinder saßen wohl auf der Rückbank, mäuschenstill. Nach dem sie die Grenze passiert hatten und im Westen auf der Autobahn fuhren, rief Andrè, der jüngere von beiden:

„Boooh, da ist ein West-Auto."

Minuten später wiederholte er „Boooh – ein West-Auto."

Nachdem er dies einige Male voller Begeisterung ausgerufen hatte, sagte man ihm liebevoll, dass er sich daran nun gewöhnen müsse.

Am Nachmittag gegen 17 Uhr kamen sie bei uns an.
Ich sehe sie noch heute vor mir stehen. Beide sind übereinstimmend gekleidet, d. h. haben die gleichen Jacken an und die gleichen Mützen auf dem Kopf. Es ist unbeschreiblich, welche Gefühle damals in uns allen vorgingen. Wir waren überglücklich und mehr als dankbar.
Wir waren dankbar, dass sie nun endlich bei uns waren.
Wir waren dem Schicksal dankbar, dass unsere Flucht nun endgültig abgeschlossen war. Wir waren der Dame dankbar, dass sie unsere Kinder abgeholt und sie uns wohlbehalten übergeben hatte.

Sie machte übrigens Karriere und wurde Leiterin des Kreisjugendamtes. In dieser Funktion war sie weiterhin mit der Gemeinde Schermbeck verbunden. Stets fragte sie nach, wie es uns denn gehe und ließ uns grüßen. „Die Abholung dieser beiden Kinder aus der damaligen DDR war der aufregendste und interessanteste Auftrag im Laufe meiner Berufstätigkeit", hat sie gegenüber einem Mitarbeiter der Gemeinde Schermbeck geäußert.

Die Kinder fügten sich wunderbar in ihre neue Umgebung ein. Auch sie hatten nun viel Neues zu lernen, zu bewältigen und zu verkraften.
Schule, Kindergarten, Freunde – alles war neu.
Es gab jedoch nie nennenswerte Komplikationen.

Später werden sie unseren Schritt ausdrücklich befürworten. Denn auch sie wissen, wir vier konnten uns erst in unserer neuen Heimat uneingeschränkt entfalten.

Nachwort

Mein Mann, unsere Kinder und ich haben die Reisefreiheit sowohl vor als auch nach dem Mauerfall in vollen Zügen genossen. Wir konnten viele Länder der Welt bereisen. Bis zum heutigen Tage sind wir alle vom Reisefieber befallen.

Als wir im Jahr 1982 in der Bundesrepublik ankamen, hätte ich nicht geglaubt, dass uns gelingt, was uns gelang.

Im Jahr 1991 bauten wir ein Haus. Im gleichen Jahr machte mein Mann sich selbständig. Ich arbeitete 12 Jahre in der Buchhaltung eines Ingenieurbüros, teilweise parallel zur Selbstständigkeit meines Mannes, deren Buchhalterin ich von Anfang an war.

Innerhalb von 23 Jahren bauten wir eine kleine Weltfirma auf. Sie hatte 66 Mitarbeiter. Ihre Produkte wurden bereits in 31 Länder dieser Welt geliefert, als wir sie im Jahr 2014 an einen Schweizer Konzern verkauften.

Das Schicksal hat uns stark gefordert, aber ebenso stark beschenkt.

Unser Haus in der Heimat

Unsere Kinder

Unsere Kinder mit den Großeltern

Frauengefängnis Hoheneck

WOLF-EGBERT NÄUMANN · ~~ULO SALM~~

RECHTSANWALT UND NOTAR · ~~RECHTSANWALT~~

┌ RAe NÄUMANN/SALM, UHLANDSTR. 137, 1000 BERLIN 31 ┐

Herrn

Erich Soßdorf

Josephstr. 12

3500 Kassel

L   ┘

UHLANDSTRASSE 137
1000 BERLIN 31
TELEFON 86 01 98
TELEX 185 693 NASA D

BERLINER BANK AG FILIALE 35
KONTO 3554700600
BANKLEITZAHL 100 200 00

```
Karl-Otto Soßdorf
   Gr. 474/81
```

BEI ANTWORT UNBEDINGT ANGEBEN

DEN 10.08.1981 rei/awe

SPRECHSTUNDE NUR NACH TELEFONISCHER VEREINBARUNG

Sehr geehrte(r) Herr Soßdorf!

Wir bemühen uns im Auftrage der Bundesregierung um politische Häftlinge in der DDR.

Im Rahmen dieses Mandats erfuhren wir von der Verhaftung Ihres Neffen Karl-Otto Soßdorf und dessen Ehefrau Ilona Soßdorf.

Es eröffnen sich Möglichkeiten der Hilfe. Wir sind gern bereit, Ihnen nähere Einzelheiten mitzuteilen, bitten Sie jedoch, zunächst Ihr Interesse zu bekunden.

Kosten oder Verpflichtungen anderer Art entstünden Ihnen nicht.

Bei dieser Gelegenheit hätten wir gleich noch einige Fragen, für deren Beantwortung wir dankbar wären:
Wo war Ihr Neffe zuletzt als Brigadeführer tätig? Wurde Ihnen das Datum der Festnahme inzwischen bekannt? Haben Sie eventuell etwas über Vorstrafen gehört?

· Mit freundlichen Grüßen
durch:

Näumann

Rechtsanwalt

i. A. Bürovorsteher

FIb

KOLLEGIUM DER RECHTSANWÄLTE — BEZIRK ERFURT

M. KUNSCH
Rechtsanwalt

Bankkonto: Genossenschaftskasse für Hand-
werk und Gewerbe Erfurt Nr. 4224-34-567

Postscheckkonto: Erfurt 16138

Codierter Zahlungsgrund:

Herrn
Edmar und Frau
Gisela Soßdorf

5901 Hötzelsroda
Hauptstraße 25

502 Erfurt, den 20.11.1981
Marktstraße 28/31 II
Fernruf 26520   K/P.

Sehr geehrte Eheleute Soßdorf !

Künftig wird das Anwaltsbüro Dr.Vogel in 1140 Berlin, Reiler
Straße 4, Telefonanschluß 5 25 1927, sich um Ihren Sohn und
Ihre Schwiegertochter kümmern.
Ich überlasse es Ihnen, ob Sie gelegentlich einmal in der Ange-
legenheit Ihres Sohnes in Berlin vorsprechen. Vor dem Frühjahr
1982 (April/Mai) wäre dies aber wohl wenig sinnvoll. Die
Sprechstunden des Anwaltsbüros Dr.Vogel sind Montag, Dienstag
und Mittwoch von 15 bis 18 Uhr.

Hochachtungsvoll

Rechtsanwalt

V 4 44 RgG 05/73/119

URKUNDE

Karl-Otto Saßdorf

geboren am   23. 09. 1952   in   Hützelsroda

wohnhaft in   Hützelsroda, Hauptstr. 25

wird gemäß § 10 des Gesetzes vom 20..Februar 1967 über die Staatsbürgerschaft der Deutschen Demokratischen Republik (GBl. I S. 3) aus der Staatsbürgerschaft der Deutschen Demokratischen Republik entlassen. Die Entlassung erstreckt sich auf folgende kraft elterlichen Erziehungsrechts vertretene Kinder:

—

geboren am   in

—

geboren am   in

—

geboren am   in

Die Entlassung aus der Staatsbürgerschaft der Deutschen Demokratischen Republik wird gemäß § 15 Abs. 3 des Staatsbürgerschaftsgesetzes mit der Aushändigung dieser Urkunde wirksam.

Berlin

den   30. 04. 1982

Ausgehändigt am   12 05.82

URKUNDE

Ilona Seßdorf geb. Fichtel

geboren am 07. 04. 1952 in Neukirchen

wohnhaft in Hütseleroda, Hauptstr. 25

wird gemäß § 10 des Gesetzes vom 20..Februar 1967 über die Staatsbürgerschaft der Deutschen Demokratischen Republik (GBl. I S. 3) aus der Staatsbürgerschaft der Deutschen Demokratischen Republik entlassen. Die Entlassung erstreckt sich auf folgende kraft elterlichen Erziehungsrechts vertretene Kinder:

_

geboren am   in

_

geboren am   in

_

geboren am   in

Die Entlassung aus der Staatsbürgerschaft der Deutschen Demokratischen Republik wird gemäß § 15 Abs. 3 des Staatsbürgerschaftsgesetzes mit der Aushändigung dieser Urkunde wirksam.

Berlin

den 30. 04. 1982

Ausgehändigt am 1 2 05. 82

Der Generalstaatsanwalt   4700 Hamm 1, den 1. 9. 1982
    4 AR 687/82

E n t s c h e i d u n g

in der Rechts- und Amtshilfesache des Maurers
Karl-Otto Soßdorf, geboren am 23.9.1952 in Hötzels-
roda/Bezirk Erfurt, wohnhaft Am Deich 20, 4270 Dorsten 1

                                    - Antragsteller -

Es wird gemäß § 15 in Verbindung mit § 2 des Gesetzes über
die innerdeutsche Rechts- und Amtshilfe in Strafsachen vom
2. Mai 1953 (BGBl. 1 Seite 161) festgestellt, daß die Vollstreckung des gegen den Antragsteller ergangenen Urteils des
Kreisgerichts Eisenach vom 16.10.1981, durch das der Antragsteller wegen "ungesetzlichen Grenzübertritts" - § 213 Absatz 2 und 3 Nr. 5, Absatz 4 StGB/DDR - zu einer Freiheitsstrafe von 1 Jahr und 10 Monaten unter Anrechnung der erlittenen Untersuchungshaft verurteilt wurde, unzulässig ist.

Im Auftrag
Sydnes

Beglaubigt

(Hiegemeier)
Justizangestellte

begl. Abschrift

Der Generalstaatsanwalt   47oo Hamm 1, den 1.9.1982
4 AR 686/82

E n t s c h e i d u n g

In der Rechts- und Amtshilfesache des Industriekaufmanns
Ilona Soßdorf geb. Fichtel, geb. am 7.4.1952 in Neukirchen/
Bezirk Erfurt, wohnhaft Am Deich 2o, 427o Dorsten 1,

                                    - Antragstellerin -

Es wird gem. § 15 i.V.m. § 2 des Gesetzes über die innerdeutsche Rechts- und Amtshilfe in Strafsachen vom 2. Mai
1953 (BGBl. I S. 161) festgestellt, daß die Vollstreckung
des gegen die Antragstellerin ergangenen Urteils des Kreisgerichts Eisenach vom 16.1o.1981, durch das die Antragstellerin wegen "ungesetzlichen Grenzübertritts" und Verstoßes gegen das Devisengesetz - § 213 Abs. 2, 3 Nr. 5,
Abs. 4 StGB/DDR, § 17 Abs. 1 Nr. 3 Devisengesetz/DDR - zu
einer Freiheitsstrafe von 1 Jahr und 11 Monaten unter
Anrechnung der erlittenen Untersuchungshaft verurteilt und
der von ihr bei der Flucht getragene Schmuck gem. § 56 StGB/DDR
eingezogen wurde, unzulässig ist.

Im Auftrag
Sydnes
Beglaubigt

(Kametz)
Justizangestellte

Erster Urlaub in Norwegen

Unsere Söhne mit Familie

Mein Mann und ich heute